독학자를 위한

논어 읽기

독학자를 위한 논어 읽기 : 절대언어와 역사적 문헌 사이에서

발행일 초판1쇄 2023년 11월 15일 | **지은이** 최경열
펴낸곳 북튜브 | **펴낸이** 박순기 | **주소** 경기도 고양시 덕양구 소원로 181번길 15, 504-901 |
전화 070-8691-2392 | **팩스** 031-8026-2584 | **이메일** booktube0901@gmail.com
ISBN 979-11-92628-22-6 04150

Booktube 북튜브 책으로 만나는 인문학강의 세상

독학자를 위한

논어 읽기

독학자의 공부 01

論語

절대언어와
역사적 문헌 사이에서

최경열 지음

북튜브

서문 '독학자의 공부' 시리즈를 펴내며
— 자기만의 읽기를 위하여

'독학자의 공부'라는 시리즈로 네 권의 책을 세상에 내보낸다. 각각의 책들의 제목은 모두 '독학자를 위한 ~ 읽기'라고 붙였는데, 강조점은 '읽기'에 놓인다. 읽기는 자신을 집중해 참여시키는 적극적인 행위다. 서양에서는, 적어도 영어권에서는 '읽는다'(reading)는 말을 포괄적으로 사용한다. 그들은 전공에 상관없이 공부를 모두 '읽는다'는 말로 표현한다. 셰익스피어를 읽고 프로이트를 읽고 마르크스를 읽으며 헤로도토스를 읽고 바이블을 읽는다고 한다. 근사한 말이다. 그들의 어법을 따르자면 공부란 읽는다는 말과 동의어다. 공부만큼 자신을 몰두하는 일이 없으니 읽기란 자신을 몰입시킨다는 말과 다르지 않다. 하지만 읽기 이전에 대상을 선택하는 행위가 먼저 있고 대상 선택은 완전히 자신만의 판단으로 이루어지지 않는다. 가치 있는 책에는 사회적 인정 혹은 통념이 끼어들기 마련이다. 읽기가 자신만의 결정임에도 거기엔 이미 외부의 개입이 전제된다. 외부 개입은 많은 경우 독서행위에 영향을 끼친다.

독서는 해석이기도 하다. 자신의 경험과 지식을 동원해 텍스트와 대화하고 충돌하는 행동이다. 텍스트에는 텍스트를 가치 있게 만든 역사의 무게와 전문가의 권위가 두껍게 쌓여 있어 독서는 텍스트 자체와 대면한다기보다 텍스트의 아우라를 확인하고 추인하는 과정일 가능성이 높다. 독서가 어려운 까닭이 여기 있다. 자기 의지를 힘껏 발휘해 정신을 고양시키는 고상한 행동인데도 확정된 가치를 재확인하는 작업에 그치는 이상한 결과. 그렇다고 독서행위가 만족감이 떨어진다거나 덜떨어진 행동이라는 뜻은 아니다. 세상에서 귀하게 여기는 유산을 맛보고 누릴 수 있는 것으로도 읽기는 훌륭한 일이다. 폄하할 필요는 없다. 그러나 독서가 지평을 넓히려면 다른 세계를 만드는 행위로 나아가야 하지 않을까, 자기만의 읽기를 통해.

'독학자의 공부' 시리즈를 구성하는 개개의 책들은 모두 3부로 구성했다. 책마다 약간의 차이는 있지만, 대체로 제1부는 텍스트를 둘러싼 외부의 객관적인 정보를 제공한다. 여기엔 지은이의 목소리가 끼어들 여지가 거의 없다. 남의 말을 선택해 재배열한 것일 뿐이다. 예비작업이기에 간결한 정보

제공이 그 임무다. 제2부는 텍스트 본문을 소개했다. 주석가들의 작업을 샘플로 실어서 텍스트 읽기의 실례(實例)를 보여준다. 의도는 두 가지다. 하나는 고전의 가치가 후대의 다양한 읽기를 통해 풍부해졌음을 보여 주면서 동시에 다른 읽기가 가능하다는 암시를 주기 위해서다. 다른 하나는 가능하면 많은 글을 제시해 원문의 맛을 느끼고 원문으로 가는 길을 걸어 보도록 하려는 생각에서다. 고전 본연의 힘이 원문 중심으로 드러나도록 구성한 부분이 이곳이다. 제3부는 내가 읽은 고전의 모습이다. 제1부, 2부가 객관적이고 사회적으로 인정받는 가치를 제시했다면 제3부는 나 자신이 어떻게 읽었는지 사례를 보이고자 했다. 제목을 "독학자를 위한 고전 읽기"라 했으니 그 행동이 어떤 것인지 보여 주어야 하지 않겠는가.

제3부에 내 목소리가 담겼기에 공력을 제일 많이 들였다고 기억하는데, 돌이켜 보면 실상 제2부에 가장 많은 힘이 투입됐다. 나 자신의 목소리는 누구나 할 수 있는 설명 가운데 하나일 뿐, 원문을 뜯어 읽는 일이 백 마디 말보다 중요하다는 의식이 작용했던 게 아닐까. 자기 목소리를 내려면 텍스트를 읽어야 하고 어떤 경우든 자기 주장보다 텍스트가 우선한다는 생각이 우세했던 것 같다. 고전이라는 타이틀에 상응하는 텍스트의 빼어남이 내 목소리를 압도한 결과이고 그 생각은 틀리지 않았다고 판단한다. 다만 수록한 원문의 비중이 높

아 독자들이 읽기에 쉽지 않겠다는 불안감이 없지는 않다.

내가 선택한 네 권의 텍스트(『논어』, 『노자』, 『손자병법』, 『한비자』)는 어느 기준으로 보아도 하나로 묶이지 않는다. 내 선택 기준을 얘기하라면 '현실과 어떻게 관련되었나'라는 막연한 잣대를 썼다고 얘기할 수 있겠다. 텍스트가 탄생할 수 있었던 '시대와의 밀착도'가 판단 기준이었다. 그 기준에 따르면 『한비자』가 시대와의 밀착도가 가장 높다. 그다음이 『논어』로, 흥미롭게도 『논어』는 시대와 밀착하려 애를 썼음에도 불구하고 거리를 두려는 원심력도 함께 작용한다. 『손자병법』이야말로 전쟁이라는 당대의 중요한 과제를 다룸으로써 『한비자』보다 시대와 더 긴밀하게 얽혔다고 판단할 수 있으나 손자가 의도하건 의도하지 않았건 『손자병법』은 시대를 관통해 추상의 세계에까지 나아갔다. 그렇기에 『손자병법』은 놀라운 텍스트다. 『노자』에는 현실이 감춰져 있다. 개념으로 모든 걸 감싸면서 『노자』는 해석의 탄력성이 가장 높은 책이 되었다.

정확히 말하면 이들 텍스트는 시대와 현실에 어떻게 대응했는가라는 긴박한 문제의식을 가졌다고 말할 수 있겠다. 이 문제의식은 이들 텍스트가 쓴 언어에 조응한다. 아주 중요한 텍스트 『장자』가 빠졌는데 『장자』가 현실과 시대를 통찰하며 그것을 '가지고 놀았다'는 점을 상기하면 다른 텍스트와 비교해 볼 수 있을 것이다. 『장자』를 떠올리면 『한비자』가 얼마나 진지하고 심각하게 시대를 고민하고 현실과 씨름했는지 알 수 있다. 『장자』와 『한비자』를 양극단에 두고 그 사이에 텍스트를 놓아 보자. 『한비자』 곁에 『논어』가 놓이고 그다음에 『손자병법』이 자리 잡으며 『노자』가 『장자』에 가깝다고 할 수 있을 것이다. 임시로 펼쳐 본 스펙트럼이지만 고전 읽기 시리즈에 사용하기엔 그런대로 쓸 만하다. 나만의 예시일 뿐이니 다른 배치가 얼마든지 가능하겠지만.

이런 구도를 파악하기란 각 책 제2부에 실은 예시문만으로는 역부족이다. 해서 제3부에 내 의견을 제시하되 충실하게 제2부의 공헌을 보충한다는 게 애초 기획이었다. 하지만 결과를 놓고 보니 제3부는 독학자를 위한 글에 더 가깝다. 독학자는 홀로 공부하는 사람이다. 홀로 공부하는 사람이기에 누구보다 "학이시습지, 불역열호"(學而時習之, 不亦說乎)의 말을 가장 잘 이해하고 체험하는 사람이다. 그러면서 독학자(獨學者)는 외골수로 빠지기 쉽고 곧잘 독단에 물들며 권위에 금방 투항한다. 고독을 견디기 힘들어 사회적 통념에 안이하게 타협하는 존재이기도 하다. 그렇기에 독학자는 독학(篤學)하는 사람이어야 하다. 독실한[篤] 공부란, 옛사람의 말을 따르자면, '널리 배우고[博學], 깊이 묻고[審問], 신중하게 생각하고[愼思], 분명하게 분별[明辯]하는 것'을 말한다. 독학자는 고독하기에 독실하게 공부해야 한다. 독학자는 입문자가 아니다. 입문해서 부지런히 나아가 자기 길을 찾는 사람이다. 입문했다 한들 언제까지 초보자로 남을 수는 없는 법. 그들은 어디엔가 묵묵히 살아간다. "숨어서 사는 이의 고운 마음을" 헤아리는 사람은 어디에나 있기 마련이다.

헤밍웨이는 『킬리만자로의 눈』이라는 소설 제사(題詞)에 이런 말을 써 놓았다. "(킬리만자로) 서쪽 정상은 마사이어로 '응가예 응가이', 신(神)의 집이라 부른다. 이 서쪽 봉우리 가까이에는 바싹 말라 얼어붙은 표범 시체가 하나 있다. 그 높은 곳에서 표범이 도대체 무엇을 찾고 있었는지 설명해 주는 사람은 지금껏 아무도 없다." 표범이 왜 거기서 죽었는지 설명해 주는 사람은 없어도 해석을 시도한 사람들은 적지 않다. '완성을 향해 가는 끝없는 추구.' 이것이 통상적인 해석이다. 나는 이 해석을 받아들이기로 한다. 독학자는 표범이다. 그러므로 이 책들은 '독학자'에 진정한 방점을 찍는다. 불안감 속에서 서투르게 혼자 길을 걷는 독학자들에게 이 책들이 자극이 되고 힘이 되길 바란다.

감사의 말을 꼭 따로 적고 싶다. 이 책들은 블로그에 연재

했던 글을 모은 것이다. 마감에 쫓겨 서두르기도 했고 나중에 한 번 더 보리라는 생각으로 지나왔던 탓에 글이 흐트러진 꼴은 예상하고 있었다. 거기까지였으면 좋으련만 통독하고 보니 형편없는 볼품 정도가 아니었다. 마주한 글은 많이 무너져서 수리하는 선에서 그만둘 수는 없었다. 어떻게 손을 대야 하나. 교정쇄가 넘어왔을 때 지면에는 무수한 편집자의 주문이 붙어 있었다. 사려 깊은 의견, 예리한 지적은 말할 것도 없고 따끔한 코멘트에, 무엇보다 매서운 질문은 내 안이한 고민을 후려쳤다. 덕분에 수정하고 덧붙인 글이 적지 않다. 『노자』는 거의 새로 썼다고 할 수 있다.

이 모든 작업은 편집자와의 지면 대화가 있었기에 가능했다. 비문을 바로잡고 문장을 다시 쓰는 작은 일에서부터 문단을 만들고 조직을 구성하는 큰 일까지 긴장감을 유지할 수 있었던 건 편집자의 적극적인 참여 덕분이었다. 무릇 편집자의 존재란 이런 것이다. 편집자와 공동 작업을 했다 해도 과언이 아니다. 이 과정을 함께해 준 박순기 편집장에게 감사를 전한다.

2023년 9월

저자 쓰다.

차례

2부 주석 읽기의 실제 … 45

| 일러두기 |

1 이 책에서 인용한 『논어』와 『논어』의 주석서 등, 한문 문헌의 한국어 번역은 모두 지은이가 옮긴 것입니다.

2 한문 문헌을 번역하여 인용한 경우, 독자들이 직접 한문 원문을 접할 수 있도록 번역문의 끝에 한문 원문을 수록했습니다. 단 인용이 길게 이어지는 경우에는 단락이 끝나는 곳에 해당 단락의 원문을 수록했습니다. 수록된 원문의 출처가 되는 도서는 권말의 참고문헌으로 정리하였으며, 이 책에서 인용한 한문 원문이 수록된 온라인 사이트도 함께 모아 참고문헌에 정리했습니다.

3 단행본의 제목에는 겹낫표(『 』)를, 『논어』, 『예기』 등의 편명에는 낫표(「 」)를 사용했습니다.

4 인명·지명 등 외국어 고유명사는 2017년 국립국어원에서 펴낸 외래어 표기법을 따라 표기했습니다.

들어가며 _ 절대언어를 어떻게 할 것인가

『논어』에 대한 내 관점을 밝히는 것으로 글을 시작해 보자. 『논어』는 복잡한 텍스트다. 복잡하다는 말은 속내를 감추고 있다거나 논리가 겹쳤다거나 읽기 까다롭다는 뜻이 아니다. 『논어』는 유가만의 경전이 아니라는 의미다. 특정 학파에서만 추앙하는, 종교적 지위를 갖는 숭배대상이 아니라는 말이다. 『논어』를 어딘가에 배속시키면 『논어』는 단순화되고 일률적으로 읽힌다. 이 틀을 벗어날 때 『논어』는 본래의 모습을 회복하고 다르게 읽힐 수 있다. 『논어』의 본래 모습이란 무엇을 말하는가. 『논어』 이후 등장하는 모든 학파와 학문에 영향을 주었다는 점에서 저수지와 다름없다는 뜻이다. 『논어』는 이전 전통을 모두 받아들였고 이후 나오게 될 모든 공부의 지류를 열어 주는 텍스트다. 때문에 『논어』는 복잡한 텍스트다. 이 관점에서 내 『논어』 읽기는 출발한다. 또 하나 『논어』는 공자와 분리되지 않는다. 노자와 『노자』의 관계를 떠올려 보면 이 말은 쉽게 이해될 것이다.

맹자는 공자를 '집대성했다'라고 평했다. 맹자가 한 말은 유가적 기준을 염두에 두었지만 그 기준을 걷어 내고 읽으면 공자의 특성을 잘 지적한 말이다. 집대성했다는 말은 공자가 공자 이전부터 전해 오던 문화를 모두 수렴했다는 뜻이다. 집대성한 대상은 보통 하·은·주 삼대(三代)의 문화를 가리킨다고 하지만 정확히는 하나라 은나라를 이어받은 '주(周)나라의 문화'라고 이해해야 할 것이다. 문화라는 말에 주의해야 한다. 학문이라는 말과 호환 가능하지만 문화가 더 포괄적이다. 문화는 논리적 체계 이상, 지적 전통 이상의 꿈과 열정, 희망과 비전을 포괄하기 때문이다.

『논어』는 예컨대, 바로 뒤를 잇는 『묵자』에는 언어를, 『노자』에는 개념을, 『순자』에는 학문을, 『한비자』에는 현실감각을 전해 주었다. 『논어』는 후대 학파와 학문의 모든 가능성과 잠재력을 아우른다. 『논어』와 관련 없어 보이는 텍스트라 해도 『논어』는 시금석으로서의 지위를 잃지 않는다. 『논어』는 스승문학(master literature)과 지혜문학(wisdom literature)의 원형이자 발원처다. 이 때문에 『논어』를 위대한 텍스트라고 한다. 역사적 시원(始源)으로서의 가치가 무엇보다 앞선다.

송나라 때 성리학이라는 완전히 새로운 경전 읽기가 거대한 영향력을 행사하면서 『논어』는 불멸의 가치를 얻는다.

성리학의 빼어난 점은 개인 수양이라는 작은 단계에서 통치론이라는 거대담론까지 일관적 해석체계를 제공했다는 사실에 기인한다. 성리학은 저수지가 실상 어떠한 모습인지 명실상부한 모습을 극명하게 보여 주었다. 여기서 『논어』의 아우라는 극대화되었다.

『논어』 읽기와 해석의 역사는 현대의 『논어』 읽기에도 고스란히 반영되었다. 누구는 수양론으로 읽고 누구는 처세술로 받아들이며 누구는 치국의 교과서로 해석하고 어떤 이는 도덕지침서로 접근하고 심지어 종교적 교범으로 해석하는 사람조차 존재한다. 『논어』는 끊임없이 재활용되고 소환되어 어떻게 읽고 소화하든 누구에게나 자기 것이 된다. 『논어』는 초월적인 텍스트, 보편적인 고전의 모범이 되었다.

불멸의 텍스트에 저항하는 일은 녹록하지 않다. 수천 년의 아우라를 누가 걷어 낼 수 있겠는가. 기적처럼 영향권을 벗어났다 한들 자기만의 독창성이라고 주장하는 것처럼 어리석은 행동이 어디 있겠는가. 『논어』 읽기는 자기만의 읽기가 아니라 어떤 영향권 안에 있음을 겸허하게 인정하는 일이다. 거기서 시작한다. 초월적인 텍스트에서 방향을 바꿔 역사적인 텍스트로 돌아가는 일이 『논어』 읽기의 출발이다. 역사초월에서 역사로 돌아가기.

이 책을 이루는 3부 가운데 제2부에서는 『논어』 원문에 집중해 번다할 만큼 장황하게 주석을 소개했다. 텍스트의 역사성을 보여 주기 위해서였다. 앞의 해석을 받아 돌멩이 하나만큼만 자기 의견을 얹어 놓은 작업들. 『논어』 주석사를 일별하는 일은 읽기의 겸손함을 배우는 과정이기도 하다. 독자로서는 괴롭고 지루한 읽기이겠으나 이 지루함이 결국 독서라는 작업의 실상이기도 하다. 그런 까닭에 제2부를 건너뛰고 읽어 주시라 말씀드리지 못하겠다. 제2부는 읽기 혼란스러울 수 있다. 혼란을 겪고 나야 정리되는 독서도 있는 법. 이때 생기는 정리는 안정이 아니라 불안이다. 괴로울 수밖에 없지만 이 불안이 자기와 대면하는 기회다. 고전이라는 남이 정한 외부 권위와 철저하게 마주하는 시간이기도 하다. 독서에 진정 필요한 조건은 이러한 때다. 그러므로 나름의 간략한 읽기를 시도한 제3부는 제2부의 요약에 지나지 않는다.

나의 '읽기'는 『논어』를 어떻게든 해명하겠다는 목적으로 쓴 글이 아니다. 한 조각 깨우침을 보여 주지도 않는다. 통찰력과는 아무 상관 없다. 나의 『논어』 읽기가 일종의 독서론임을 이제는 안다. 아주 길고 에둘러 쓴 독서론이다. 그럼에도 내 독서론은 읽기 독립을 선언한 말이기도 하기에 향후 내 읽기와 쓰기의, 삶의 서문으로 보인다. 긴 까닭은 주저하고 모색한 자국이 남았기 때문이며 우회한 이유는 결단 내리지 못한 흔적이 들러붙었기 때문이다. 그 흉한 자취가 부끄러움이 되어 나를 채찍질하기를. 본격적인 『논어』 읽기는 이 글을 바탕으로 나아간다.

1부

텍스트와 주석가들

論語

1장 _ 『논어』라는 텍스트

『논어』는 누가 지었는가

정확하게 말하자. 『논어』(論語)는 공자가 지은 책이 아니다. 손에 잡히는 대로 시중에 나와 있는 어느 번역본 『논어』를 보든 모두 공자가 지은이로 되어 있다. 어찌 된 일일까. 현재와 같은 저작권 개념이 없던 시대를 소유와 권리라는 사고로 소급하기에 벌어지는 일이다. 시대착오의 전형이지만 일상적으로 벌어지는 일이기도 하다. 춘추전국시대의 저작 어떤 것도 단일 저자의 단일한 책으로 볼 수 있을지 주의가 필요하다. 단일한 책이란 책을 관통하는 테마가 존재하고 일관된 사고가 유지된다는 전제가 필요한 법인데 중국 고대의 저작에 이런 잣대를 들이댈 수 있을까. 『논어』의 경우 비일관성의 정도가 더 심하다. 아니 비일관성은 고대 서적의 일관된 특징이라 말할 수 있으리라. 당연히 단일 저자라는 개념도 수정할 필요가 있겠다. 공자와 『논어』는 분리가 불가능하지만 일단 『논어』라는 책에 집중하자.

『논어』는 제목부터 이상하다. 고대의 책들은 대부분 스승이 남긴 지혜를 담은 책이라 스승이라는 존칭[子]을 붙여 스승의 말씀을 담았다고 표시하는 공통점을 갖는다. 때문에 영어권에서는 스승문학(master literature, 이때 literature라는 말은 광의의 문학, 즉 문헌이란 말로 '기록'이란 뜻이다)이라 부른다. 우리가 아는 저작들 대부분이 스승의 이름으로 불렸다. 『노자』, 『장자』, 『맹자』, 『손자』, 『묵자』, 『한비자』 등등(물론 예외는 있다. 전국시대 말기에 쓰여진 『여씨춘추』呂氏春秋를 들 수 있다). '제자백가'로 알려진 여러 유파들이다. '제자백가'는 학파의 스승과 그 제자들을 가리키는 포괄적인 용어다. 그 원조라 할 책을 공자가 아니라 『논어』라 했으니 독특하다.

『논어』라는 제목은 통상 『한서』(漢書) 「예문지」(藝文志) 육예략(六藝略)의 기록을 들어 설명한다. 「예문지」의 기록은 이렇다.

> 『논어』는 공자가 제자와 당시 사람들에게 응답한 말, 제자들이 서로 주고받은 대화, 제자들이 직접 선생님께 들은 말들이다. 당시의 제자들이 각자 기록한 것을 가지고 있었는데 선생님이 돌아가신 뒤 문하 사람들이 수집해서 의논

해 편찬했다. 그러므로 '논어'라 한다.

論語者, 孔子應答弟子時人及弟子相與言而接聞於夫子之語也. 當時弟子各有所記, 夫子旣卒, 門人相與輯而論纂, 故謂之論語.

『논어』는 선생님의 말씀[語]을 의논/토론해[論] 만든 책이라는 말이다. 한마디로 편집된 책이라는 뜻이다. 『한서』의 기록은 고대 서적의 성립방식을 전반적으로 설명한다고 봐야 할 것이다.

『논어』라는 타이틀에 대한 「예문지」의 간략한 설명은 중요한 얘기를 전해 준다. 몇 가지 정리해 보자.

첫째, 『논어』는 제자들이 편집한 책이다. 『논어』에는 제자 몇몇이 유자(有子) 혹은 증자(曾子)처럼 존칭으로 불린다. 이는 유자나 증자의 제자들이 편집에 참여했다는 증거로 읽을 수 있다. 공자에게 직접 배워 스승의 말씀을 기록한 제자뿐 아니라 공자의 재전(再傳) 제자의 손을 거쳐 편집이 오랜 기간 동안 이루어졌다는 점을 시사한다. 『논어』의 문체가 균질하지 않은 이유도 이를 통해 이해할 수 있으며 문장이 상당 부분 다듬어지고 윤색되었을 가능성도 생각해 볼 수 있다. 다듬고 윤색했다는 말을 괴이하게 생각할 필요는 없다. 당시의 관습이라고 하면 무책임하게 들릴 수 있겠지만 윤색이라는 표현을 썼다 해서 『논어』의 오리지널리티가 손상되는 건 아니다. 긴 시기에 걸쳐 많은 사람들의 손을 거쳤다는 사실 자체가 『논어』다움 혹은 고대 작품의 저작성을 드러낸다. 또한 고서(古書)에 대한 우리의 인식을 되돌아보게 만든다. 후자의 사실에 더 관심을 두고 명심해야 하지 않을까.

여기서 『논어』의 편명(篇名)에 대해서도 간단히 언급해 둔다. 『논어』는 20편으로 구성되었는데 「학이」(學而) 제일(第一)에서 시작해 「요왈」(堯曰) 제이십(第二十)으로 끝난다. 각 편의 제목은 아무 의미가 없다. 각 편의 첫 장이 시작하는 두 말로 제목을 삼았을 뿐이다. 때문에 서양에서는 Book One, Book Two··· 하는 식으로 일련번호를 부여해 구별한다. 각 편이 일정한 흐름을 가지고 있음에는 틀림없지만 현재와 같은 방식으로 체계적으로 조직되지 않았음을 방증한다. 이 구성 방식은 한 전통을 이뤄 다른 제자백가의 책도 얼핏 보면 임의로 각 편을 구성한 것처럼 보인다. 『순자』(荀子)에 이르러서야 각 편의 제목은 내용을 총괄하는 중심테마로서 의미를 띠게 된다. 때문에 『순자』를 읽을 때는 각 편명의 의미를 정확하게 이해해야 한다. 그런 『순자』에서조차 편명에서 벗어나는 글이 눈에 띄는 걸 보면 고대의 '스승님'[子]들의 말씀이 얼마나 다양했는지 새삼 느끼게 된다.

둘째, 첫번째 사실과 관련해 『논어』를 읽는 방식에 대해 다시 생각해 볼 수 있다. 『논어』의 중심인물이 공자임에는 틀림없으나 공자라는 주인공만 『논어』에 도드라지게 나타나지 않는다. 공자를 메인에 두고 읽는다 해도 공자의 일생이 일목요연하게 드러나지 않는다. 공자의 사상도 생각처럼 쉽게 파악되지 않고…. 그럼에도 『논어』라는 텍스트가 편집된 책으로 얼마만큼 성공적인지 증명하는 예로서, 공자라는 인물에 초점을 둘 때 공자가 누구인지 감정까지 감지하게 하는 텍스트로 『논어』만 한 게 없다는 사실을 들 수 있다. 한 인물을 안다는 건 객관적인 사실을 인지하는 것뿐 아니라 그의 마음과 감정, 사회적 태도까지 이해할 수 있다는 것인데 『논어』는 이 점에서 탁월하다.

셋째, "제자들이 서로 주고받은 대화"라는 기록은 생각보다 중요하다. 『논어』에 기록된 말은 주로 공자 말년에 몰려 있는데 공자 사후 제자들의 활동도 담겨 공자 생전의 이상과 실천이 이후 제자 사이에서 어떻게 변했는지 알 수 있기 때문이다. 공자의 유산을 엿볼 수 있는 소중한 기록이라 하겠는데 이 안에는 제자 사이의 알력과 갈등도 포함된다. 제자 사이의 경쟁과 견제는 『논어』 읽기와 편집에 어떤 힘이 작용했다는 암시를 주는 것 같다. 예컨대 공자의 말년 제자로 공자 생전에는 큰 주목 대상이 아니었던 증자(증삼曾參)가 후대에 위상이 높아지면서 그의 위치가 재조정된 사실에서 학통(學統) 혹은 공자를 이해하는 문제와 관련해 주요한 시사점을 얻을 수 있다. 이는 훗날 적통(嫡統) 혹은 정통성(도통道統) 문제로 구체화된다.

논어의 성립시기

『논어』라는 서명(書名)은 『예기』(禮記) 「방기」(坊記)에 처음 보인다. 『예기』 각 편의 성립시기를 확정하기 어렵지만 각 편은 전국시대에 대부분 형성되었으므로(『예기』라는 제목으로 묶여 최종 확정된 시기는 한漢나라다) 『논어』의 완성[成書] 시기는 전국시대 중기 이후로 볼 수 있다. 『논어』는 공자 사후 200여 년이 넘는 기간에 걸쳐 완성됐다는 사실을 기억해 두자.

우리가 생각하는 한 권의 책 형태로 손에 잡기까지 오랜 시간이 걸렸지만 『논어』라는 편집된 완성본이 아니더라도 『논어』의 각 편 혹은 어느 부분이 일정한 형태로 유통되고 있었다는 점은 지적할 필요가 있다. 책이라는 물질이 아니어도 구술이나 구비문학 혹은 이야기로 구전 유통되는 부분도 상당했을 것이다. 유포된 자료가 현재 책으로 정리된 것보다 더 많았을 가능성이 높다. 공자가 유명해지고 존경받을수록 '자왈'(子曰)이라는 형태로 무수한 전설이 공자에게 따라붙었다.

자연스런 일이다. 이런 자료들은 훗날 『공자가어』(孔子家語)로 한 번 더 묶이게 된다. 그 밖에 다르게 묶인 책들이 존재했는데, 위서(緯書)* 부류가 대표적이다. 이런 종류의 책은 사실이나 진위 여부로 접근해서는 안 되는 책이다. 담론이라는 측면에서 공자 전승(傳乘)이 어떻게 형성됐는지를 알 수 있는 자료이기 때문이다. 공자라는 인물과 생각이 어떻게 후대에 역사적으로 구성되는지 알 수 있는 자료로는 오히려 이런 글이 도움이 된다고 하겠다.

편집된 책으로서 『논어』는 전승과정에 복잡한 양상을 보인다. 시기에 걸쳐 다양한 사람들의 손을 거쳤기에 단일 저작으로 유일본만 존재했던 게 아니다. 한나라 때 이미 세 종류가 전해진 걸 보면 내용과 편차에서도 차이가 있음을 알 수 있다. 판본 문제는 주석과 맞물리므로 절을 나눠 자세히 살펴보기로 한다.

---

* 위서(緯書)는 경서(經書)에 상대되는 개념으로 가짜 책을 지칭하는 위서(僞書)가 아니다. 경서(經書)는 유가에서 보는 정전(正典)으로 모든 가치체계의 기준이 되는 책을 말한다. 한나라 때에는 오경(五經)이었다가 후대에 십삼경(十三經)으로 확정된다. 위서(緯書)는 경서(經書)를 보충하고 다르게 설명하는 책들이다. 경(經)이라는 말이 직물과 관련된 말에서 왔듯(씨줄) 위(緯)라는 글자도 직물과 관련된다(날줄).

『논어』 텍스트의 고정

『논어』는 한나라 때 이미 판본이 세 가지였다. 송나라 때 사람 형병(邢昺)은 하안(何晏)의 『논어집해』(論語集解)에 주석을 단 그의 책 『논어정의』(論語正義) 서문에서 한나라 때 『논어』를 전한 학파가 셋이 있다고 썼다. 노논어(魯論語), 제논어(齊論語), 고논어(古論語)가 그것이다. 노논어(노론)는 노나라에서 전승된 학파로 추정할 수 있는데 현재 우리가 보는 『논어』의 편차(編次)는 노논어를 따르는 것이다. 제논어(제론)는 제나라에서 전해지던 것으로 공자의 제자 자공(子貢)과 관계된다고 말하는 사람들이 있다. 고논어(고론)는 공자의 고택(古宅)에서 집을 확장하면서 벽을 헐다가 발견된 것으로 알려졌다. 고론은 진시황의 분서갱유 때 책을 숨겼다가 나중에 발견된 것이라는 등 추론하는 의견이 보인다. 노론이 20편인 데 비해 제론은 22편에다 장구(章句)도 노논어보다 많다. 고론은 21편에다 편차가 노론과 다르다.

고론에서 눈에 띄는 점은 글자가 여타 『논어』들과 다르다는 것과 전한(前漢)의 공안국(孔安國)과 후한(後漢)의 마융(馬融)이라는 큰 학자가 주를 달았다는 사실이다. 한나라는 예서(隸書)체를 썼다. 중국을 통일한 진나라의 필체 전서(篆書)체를 이어받아 다듬은 것이다. 진시황이 문자를 통일[동문

同文]했다는 사실은 과소평가할 수 없다. 진시황 통일 이전에는 남방과 북방이 다른 말을 썼다. 언어만 다른 게 아니라 글자도 달랐다. 진시황의 통일은 문자와 도량형의 통일을 가져왔고 이는 제국통치의 기초를 놓았다는 정치적 의미뿐 아니라 문화의 측면에서 중국의 정체성 형성이라는, 더 중요한 영향을 끼쳤다. 공자의 옛집에서 발견된 『논어』 판본이 낯선 글자라는 사실은 진시황 통일 이전에 다른 계통의 문자가 존재했음을 증명한다.

그렇다면 『논어』는 언제 현재 같은 텍스트의 형태를 갖게 되었는가. 전한(前漢)에 안창후(安昌侯) 장우(張禹)라는 사람이 등장한다. 그는 노론을 중심으로 그 편차를 따르면서 제론과 고론의 장점을 택해 『논어』를 완성했는데, 이를 '장후론', 즉 '장후의 『논어』'라고 부른다. 이 텍스트가 현행 『논어』의 모본(母本)이다. 『논어』 텍스트는 전한 말엽에 완성된 것이다.

한편 『논어』의 전승이 몇 가지가 되고 장구(章句)에 차이가 있다는 사실을 두고 『논어』 본문에 후인(後人)의 첨가가 있었을 것이라 의심하는 견해가 있다. 『논어』를 읽다 보면 문체와 서술양식이 상이한 지점을 발견하게 되는데 오랜 기간을 두고 전승되면서 변화는 피할 수 없었을 것이다. 『논어』 본문이 이상하다고 의심한 사람들의 견해는 문체와 서술양식 차이에 관심을 두어 텍스트를 다시 보게 만들었다는 점에서 귀 기울일 만하다. 현행 『논어』를 상편과 하편으로 각각 열 편씩 나누는 것도 본문의 차이를 인지한 데서 나온 것이다. 이런 견해를 밝힌 대표적인 책이 청나라 최술(崔述, 1740~1816)의 『수사고신록』(洙泗考信錄)이다.

여기까지가 텍스트에 대한 얘기다. 『논어』라는 텍스트의 완성은 책의 형태가 갖춰졌다는 형식적인 문제에 그치지 않는다. 텍스트를 고정시키는 일은 중요하다. 텍스트는 고정되어야만 한다. 한나라 때 텍스트가 고정되었다는 사실은 『논어』의 정전화(正典化)와 관련이 깊다. 정전화는 제국질서의 확립과 일치한다. 이는 기독교나 불교의 발전이 거대제국의 성립과 궤를 같이한다는 사실(史實)과 다르지 않다. 제국의 성립은 영토확장과 강력한 무력만으로는 불가능하다. 피지배자가 동의할 수 있는 명분과 사고, 사상과 질서를 지탱하는 이념이 뒷받침되어야 한다.

한(漢) 제국의 성립과 발전은 유교라는 사상, 학문 발전에 뒤따라오는 이데올로기적 정당화와 함께 진행될 수밖에 없다. 유교가 국가 공식학문이자 이데올로기가 되려면 그에 걸맞은 문헌과 의례는 필수적이다. 전통시대 국가의 존립에는 거대국가라는 몸체에 어울리는 국가제사라는 의식이 필수적이고 황실의 위엄에도 예(禮)라는 격식이 필요하다. 이러한 국가의 외형과 운영에 필요한 하드웨어와 소프트웨어를 유교가 제공했다. 유교의 성전으로 『논어』가 필수적임은 자명한 일. 『논어』 텍스트가 유동적인 형태로 존재할 때 해석에 대한 논란은 피할 수 없고 해석의 다양성은 학문적 견해와는 별도로 국가 운영과 의식에 문제를 일으킬 수 있다. 텍스트는 고정되어야 하고 해석은 권위 있는 언어로 공식화되어야 한다. 텍스트의 고정은 필연적인 과정일 수밖에 없다.

2장 _ 주석가들

『논어』 읽기에 앞서 『논어』 독해에 필수적인 주석가들을 일별하는 게 순서다. 『논어』 텍스트의 성서(成書)와 해석사는 중요한 문제이기 때문에 몇몇 주석서는 기억해 두어야 한다. 대강을 훑어보기로 한다. 텍스트가 고정되면 주석이 필요한 시기가 도래한다. '장후론'에 주석을 다는 사람들이 나타날 차례다.

우리가 통상 주(注)라고 일컫는 것은 생각처럼 단순하지 않다. 주석이라는 해설 행위가 가능하려면 먼저 텍스트가 고정되어야 하고 일정한 의미단위로 분절하는 작업이 선행되어야 한다. 이 작업이 한나라 때 와서 완성되었는데 공자 사후 많은 시간이 흐른 뒤였다. 이렇게 공자의 생전 시기와 멀어지면서 『논어』 읽기에 어려움이 생겼기 때문에 우선 책을 독해하기 위한 작업이 필요했다. 시간이 흐르면서 언어가 변하고 개념이 바뀌는 건 당연한 일. 언어는 생각보다 빨리 변한다. 사전적 의미에서 어구를 풀이하고 역사 배경과 사실을 설명하고 문화적 맥락을 이어 주는 작업이 필수다. 여기에 한나라의 석학과 대가들이 참가했다는 사실은 학문방법으로서 주(注)가 탄생했다는 것을 의미한다. 주는 단순한 설명, 풀이 이상이다. 새로운 학문양식의 탄생이기도 하다.

한나라 시기의 주석가들(고주)

한나라 때 주석가로 가장 먼저 기억해야 할 인물이 있다. 한나라를 대표하는 대유(大儒) 정현(鄭玄, 127~200)이다. 그는 노논어의 편장(篇章)을 따르고 제논어와 고논어를 참고해 주석을 냈다. 『논어정주』(論語鄭注)라 한다. 유감스럽게도 그의 주석은 망실되어 전승되지 못했다. 정현의 주는 주희도 보지 못했다. 놀랍게도 20세기(1907)에 돈황에서 대규모 문헌이 발견되었는데 그 가운데 정현의 논어주 필사본이 끼어 있었다. 전체는 아니고 대략 반 정도가 복원되었는데 덕분에 전통시대 중국과 조선의 학자들도 보지 못했던 정현의 주를 누구나 볼 수 있다. 단어 풀이에 주력한, 생각보다 간결한 주다.

정현의 주를 이어 『논어』 해석 작업을 일차적으로 완성한 사람이 하안(何晏, 193~249)이다. 조조의 양아들이자 사위로 유명한 하안은, 한 시대를 풍미한 지식인으로 노자주(老子注)로 유명한 왕필(王弼)을 알린 사람이기도 한다. 하안의 『논어집해』(論語集解)는 중요한 책이다. 그는 위진시대의 풍조에 걸맞게 『주역』(周易)에 밝았던 사람으로 『논어』 해석에 철학적 무게를 더했다는 점에서도 기억할 가치가 충분하다. 하안의 『논어집해』를 두고 도가(道家)의 현학(玄學)이 『논어』에 들어왔다고 비평하는 견해가 있는데 그런 정통/이단의 잣대는 보류해 둘 필요가 있다. '집해'라는 제목에서 보듯 이전 시대 주석을 모은 것으로 가치를 인정받아 세상에 널리 유포되어 '십삼경주소'(十三經注疏)의 하나로 들어갔으며, 지금까지도 필수적인 텍스트가 되었다.

정현과 하안의 주를 합쳐 통상 고주(古注)라고 한다. 송나라 주희의 『논어집주』(論語集註)를 신주(新注)라고 하는 것과 구분하기 위해서다.

주(注)에 대한 해설, 소(疏)

주(注)라는 해석 작업과 학문에 대해 이야기할 때 소(疎)라는 해석 방식도 언급해야 한다. 주는 경문 본문을 직접 해설하는 방식이어서 간결하다. 소(疎)는 소통한다는 뜻으로 주의 간결한 설명에 상세한 해석을 가한 방식이다. 위진 시기 불교 해석의 영향을 받은 것으로 알려졌지만 소(疏)라고 불리는 상세한 해석 방식에는 종이의 보급이라는 물적 토대의 변화도 큰 몫을 했다. 죽간에 써서 작업을 했던 한나라 때는 죽간의 물질성이 간결함을 강제할 수밖에 없었음에 비해 서진(西晉) 이후 보편화된 종이 보급은 긴 의견 진술을 가능하게 했기 때문이다.

고주를 설명한 책 가운데 두 권이 중요하다. 남조(南朝) 양(梁)나라 무제 때 황간(皇侃, 488~545)은 『논어집해의소』(論語集解義疏)(『논어의소』論語義疏라고도 한다)를 남겼다. 하안의 주에 한위(漢魏) 이래 여러 해설을 수록해 자료 가치가 높다. 이 책은 중국에서는 당나라 이후 자취를 감춰 볼 수 없게 되었지만 일본에서 온전한 판본이 발견돼 청나라 건륭 연간(1736~1795)에 중국으로 역수입되어 '사고전서'(四庫全書)에 수록되었다. 또 하나는 북송 때 형병(邢昺, 932~1012)의 『논어정의』(論語正義, 『논어주소』論語注疏라고도 한다)다. 황간의 소를 기초로 자신의 의견을 포괄적으로 담아 하안의 『집해』와 합본한 책이다. 우리가 보는 십삼경주소의 『논어』는 바로 형병의 텍스트를 바탕으로 한 것이다.

인식론적 전회, 주희의 『논어집주』(論語集註)

남송 때 주희는 『논어집주』(論語集註)를 낸다. 획기적인 책이었다. 신주(新注)라고 부르는 것은 편의적인 구분에 그치지 않는다. 이전 주석이 본문을 정확하게 읽기 위한 사전적 해석(훈고訓詁)에 주안점을 두었다면 주희의 해석은 철학적(의리義理)으로 접근한 것이어서 『논어』를 읽고 해석하는 방식에 다른 차원을 연 것이었다. '인식론적 전회'라고 말하는 까닭이 여기 있다. 학문에서 그치지 않고 학문의 근거까지 따져 묻고 인간론의 차원에까지 접근해 학문과 철학을 꿰는 방대한 체계를 세운다. 이 거대한 세계관은 후에 문명 전체를 아우르는 작업에까지 도달한다. 주자학은 학문방식뿐 아니라 세계관의 혁신을 이룬 기념비적 성과였다. 이 말은 과장이 아니다. 문명의 새 패러다임을 조직한 책이라고 할 수 있을 정도다. 파급력이 대단히 큰 책이었다. 중국 왕조는 청나라 때까지 주희의 책을 기본 텍스트로 읽었고 조선은 주희의 이념 아래 국가가 운영되고 문명이 완성되었으니 어떤 책이 그런 영향력을 발휘할 수 있었을까.

주희의 책이 의리학(義理學, 송학宋學)으로 접근해 훈고학과는 다르다 했으나 주희의 주석은 한대의 훈고학 전통을 완전히 흡수한 뒤에 송대 유학자들의 의리학을 결합해 집대성한 견고한 성채이다. 엄격한 학문과 철학, 정치와 가치관을 결합했으니 그 방대함과 조직력은 이후로도 필적할 것이 없을 정도다. 이게 사서집주(四書集註)의 세계다. 유학 공부가 경(經) 중심에서 사서(『논어』·『맹자』·『대학』·『중용』) 중심으로 사유의 방향을 튼 것도 주자학이 이룩한 것이었다. 이런 맥락에서 『논어집주』는 자구(字句) 해설에서 장(章)의 의미를 밝히고 전체적인 통일성까지 아우르는, 치밀하고 주도면밀한 사유의 결정이다. 높이 평가할 수밖에 없다. 그가 재해석한 『논어』는 이전과 전혀 다른 텍스트로 읽게 된다. 널리 읽히는 글이지만 글의 밀도가 높아 예상보다 읽기 까다롭다는 사실을 늘 잊어버리긴 하지만.

언어학적 전회, 청나라의 고증학

청나라에 이르러 한나라의 훈고학(한학漢學)을 계승한 고증학(考證學=고거학考據學)이 등장하면서 주석사에 전환기가 온다. 대표작이 유보남(劉寶楠, 1791~1855)의 『논어정의』(論語正義)다. 고증학은 문헌을 가져와 증명하는 학문이기 때문에 문헌학과 연계될 수밖에 없고 방대한 서책을 상대로 하기 때문에 정밀한 읽기가 가능했다. 의미를 따지기 이전에 증거에 준

해서 철저한 읽기를 지향하기에 주희의 주석에 대해서도 문헌증거에 의한 재검토와 일정한 비판, 다시 읽기가 가능하게 되었다. 유보남의 책은 하안의 『논어집해』를 계승한 것이다. 청나라 초기부터 업적을 이룬 고증학의 성과를 받아들여 문자 훈고에 힘을 기울이면서 언어학적 보강, 전장제도(典章制度)와 역사고증, 인명과 지명에 엄밀한 고증을 적용해 주희의 『논어집주』가 놓친 부분을 보충하고 합리적인 추론으로 이전 주석의 부실한 부분을 많이 바로잡았다. 주희의 윤리철학적 해석학이 고증학이라는 근대학문에 접근한 정밀한 스칼라십으로 재조명되면서 정확성이 높아졌다. 세계관이 학문으로 재조정된 것이다. 이런 이유로 고증학을 '언어학적 전회'라고도 부르는 학자들이 있다.

근대의 주석가들

마지막으로 근대 학자 청수더(程樹德, 1877~1944)의 『논어집석』(論語集釋)이 있다. 『논어』 연구에 평생을 바친 역작으로 중국의 전쟁 시기에도 원고를 안고 손에서 놓지 않았다는 일화로 유명하다. 제목 그대로 중국의 다양한 『논어』 주석을 제시해 비교 검토할 수 있게 하였다. 양이 적지 않아 읽는 작업조차 만만치 않은 거작이다. 후학들에게 학문하는 자극을 주는 역작이다.

이 밖에도 현대 중국의 뛰어난 주석서들이 지금도 간행되고 있으니 저명한 저술과 참고될 만한 책을 간략하게 들어보자. 먼저 양보쥔(楊伯峻)의 『논어역주』(論語譯注, 1980)와. 리쩌허우(李澤厚)의 『논어금독』(論語今讀, 2007)을 들 수 있다. 『춘추좌전』 주석으로 유명한 양보쥔의 주석은 간결하고 명확한 설명으로 읽기 좋다. 공부가 깊은 사람의 책이라 짧다고 만만하게 볼 수는 없다. 리쩌허우의 책은 의외의 곳에서 독창적인 설명이 보여 읽는 긴장감을 유지하는 장점이 있다. 최근 리링(李零)의 저서들이 번역 출간 되었는데 리링의 책은 리쩌허우의 『논어』 주석서에 힘입은 바 크다. 리링의 책들은 간명하면서 분명한 자기 의견이 드러나 경전 해석의 흐름이 여전히 이어지는 것을 느낄 수 있게 해주는 저작들인데 따로 명기하지는 않는다.

청스위안(程石泉)의 『논어독훈』(論語讀訓, 1972)은 우연히 알게 된 책인데 출간한 지 오래됐는데도 계발받는 게 있다. 갑골문의 성과까지 반영해 정밀하게 읽은 책이다. 상당한 수준임을 단번에 알 수 있다. 마지막으로 한 권을 더 들어 본다. 허융칭(何永清)의 『논어어법통론』(論語語法通論, 2016)이란 책이다. 『논어』를 철저히 문법 측면에서 분석한 책이다. 『논어』

를 문법으로 분석한 책이 중국과 대만에 아주 많은데, 우리는 이쪽 방면의 연구가 고전 읽는 방식보다 소홀한 것 같아 일부러 가져왔다. 소개한 어떤 책을 보든 참고서적으로 당대 출간된 연구서들이 적지 않게 올라 있으므로 일별해 보면 상당량의 책이 쏟아진다는 사실을 알 수 있다. 이 밖에도 교양서들이 적지 않은데 모두 포함시키지 않았다. 수천 년 동안 읽고 연구하고 주석한 책이 헤아릴 수 없을 지경인데 여전히 그 많은 책이 나오고 있다는 게 믿기지 않을 정도다. 『논어』에는 현대에도 읽을 여지가 풍부하다는 의미로 해석할 수 있겠다.

조선과 일본의 논어 주석

앞서 언급했듯 주희의 책은 조선시대에 절대적인 영향을 끼쳤다. 조선조 내내 그의 압도적인 영향력 아래 있었기 때문에 반대로 독창적인 연구나 객관적인 주석이 나오기 어려웠다. 주자라 부르며 존숭하는 것까지는 좋으나 주자와 의견이 다를 경우 사문난적(斯文亂賊)으로 몰아 목숨까지 빼앗을 지경이었으니 주자학의 위상이 어느 정도인지 짐작할 수 있다.

다산(茶山) 정약용(丁若鏞, 1762~1836)의 『논어고금주』(論語古今註)가 여러 주석 가운데 단연 눈에 띈다. 『논어고금주』

는 고금의 주를 모아놓은 것이지만 금(今)에는 다산 당대의 청나라 학자까지를 포괄하고 일본의 유명 유학자들의 서적도 그의 시야 안에 들어와 있다. 다산의 저작이 지닌 넓은 스펙트럼은 박학의 과시가 아니다. 다양하고 폭넓게 제설(諸說)을 제시함으로써 가장 어려운 관문인 주자학을 성공적으로 객관화했다는 데 의의를 찾을 수 있다. 다산의 의도 여부를 떠나 주자의 설이 여러 주장과 병치되면서 의리학이 상대화된다. 주자학과 생긴 거리는 학문의 진화가 무엇인지 느끼게 하는데 여기에는 어떤 엄숙함이 서려 있다. 또 고금의 여러 학설을 검토하다 보니 자신의 목소리가 확고할 수밖에 없다. 새삼 공부가 무엇인지 묻게 하는 밀도 높은 압박이 존재한다. 여러모로 흥미로운 책이다.

이 밖에도 전통시대 일본의 주석서가 있다. 두 권만 언급한다. 두 권 모두 에도시대에 나온 책이다. 첫째, 이토 진사이(伊藤仁齋)의 『논어고의』(論語古義), 둘째 오규 소라이(荻生徂徠)의 『논어징』(論語徵). 두 서책과 관련해 다자이 슌다이(太宰春台)의 『논어고훈외전』(論語古訓外傳)도 기억할 필요가 있다. 진사이의 책은 중국 고대의 한자의 음(音)과 의미가 현재와는 달랐으리라는 발상에서 출발해 원래의 옛뜻[古義]을 복원한다는 언어적 접근으로 작성되었다. 발상의 전환은 전혀 새로운 『논어』 읽기를 이룩했고 일본의 독특한 학문을 성립시키는 역할에까지 이르렀다. 『논어징』은 주자의 철학적 시도와는 상관없이 선왕지도(先王之道)의 탐구라고 하는 제도사(制度史)의 방법론으로 『논어』 읽기를 실현했다. 제도와 문명을 만든다는 구체적인 목표가 공자의 의도였다는 의미인데 진사이와는 다른 방향이었음에도 고대 중국은 당대 일본과는 다른 읽기 방식과 개념이 존재한다는 기본 취지를 공유했기에 학문의 새 장을 열 수 있었다.

다자이 슌다이는 두 사람의 제자다. 진사이가 세상을 떠나자 오규 소라이의 문하로 가서 계속 공부했다. 그의 저술은 독창적이기보다는 두 스승의 설을 충실히 설명한 책으로 보는 게 옳을 것이다. 다산은 『논어고금주』에 세 사람의 설을 모두 인용했는데 다산이 읽은 책은 다자이 슌다이의 저술이었다. 제자를 경유해 두 인물을 알게 된 것으로 박학한 다산이 인용한 일본 학자의 설은 적지 않은 양을 차지한다. 다산의 인용은 모두 다자이 슌다이의 책에 근거를 둔 것으로 정작 다산은 『논어고의』와 『논어징』은 읽지 못했다.

역사 순으로 기억할 만한 『논어』 주석을 대강 살펴보았다. 중요 사항을 정리해 보자. 한나라 때 『논어』 텍스트가 완성이 되었으며 이에 따라 주(注)라는 학문방식이 탄생한다. 하안의 『논어집해』가 주요 저작으로 꼽히는데 이 저작까지를 통상 '고주'라고 한다. 주(注)는 소(疎)라는 상세한 설명방식을 후대에 성립시키는데 하안의 주에 소를 붙인 황간과 형병이 대표다. 남송의 주희는 『논어집주』를 펴내 주석사에 이정표를 세운다. 때문에 '신주'로 불린다. 청나라에 들어 고증학이 왕성해지면서 정밀한 학문으로 자리 잡아 유보남의 『논어정의』라는 걸작이 나온다. 『논어』 주석은 고주와 신주, 훈고학과 의리학(훈고학의 체계화된 정밀학문으로서 고증학=박학樸學)이라는 기준으로 기억해 두면 좋을 것이다.

여러 주석서를 거론했으니 『논어』의 두 대목을 들어 주요 주(注)의 실례를 보자.

2부

주석 읽기의 실제

論語

2부에서는 실제 『논어』에 대한 주석 작업이 어떻게 이루어졌는지를 대표적인 주석들을 통해 살펴보고자 한다. 「학이」 1장과 「위령공」 40장의 주요 주석들을 원문과 함께 수록했으며, 2부의 끝에는 인용한 주석들을 일별하는 글을 실었다.

「학이」 1장에 대해서는 주희(朱熹)의 『논어집주』(論語集註), 유보남(劉寶楠)의 『논어정의』(論語正義), 청수더(程樹德)의 『논어집석』(論語集釋)의 주석을 수록했고, 「위령공」 40장에는 앞의 세 주석과 더불어 다산 정약용의 『논어고금주』(論語古今注)를 수록했다.

주석 읽기 I

『논어』, 「학이」(學而) 1장

子曰:
자 왈

學而時習之, 不亦說乎.
학 이 시 습 지 불 역 열 호

有朋自遠方來, 不亦樂乎.
유 붕 자 원 방 래 불 역 락 호

人不知而不慍, 不亦君子乎.
인 부 지 이 불 온 불 역 군 자 호

선생님께서 말씀하셨다.

"배우고 늘 익히면 또한 기쁘지 아니한가.

벗이 먼 곳에서 찾아오니 또한 즐겁지 아니한가.

남이 알아주지 않아도 성내지 않으니 또한 군자가 아닌가."

주희, 『논어집주』

① 子曰：學而時習之, 不亦說乎.

본문의 열(說)은 열(悅, 기쁘다)과 같다.

배운다[學]는 말은 본받는다[效]는 뜻이다. 인간의 본성은 모두 선하지만 이를 깨치는 데에는 선후 순서가 있는데 나중에 깨친 사람은 반드시 먼저 깨친 사람이 하는 일을 본받아야 선함을 분명히 알아 본성의 최초 모습을 회복할 수 있다.

익힌다[習]는 말은 새가 자주 날갯짓을 하는 행동과 같다. 열(說)은 기뻐한다[喜]는 뜻이다. 이미 배우고 또 늘 배운 것을 익힌다면 배운 것이 무르익어 마음속으로 기뻐하면서 진전하는 것을 스스로 그칠 수 없다.

정자[정이천程伊川]가 말했다. "익힌다[習]는 말은 거듭 익힌다는 뜻이다. 항상 다시 생각하고 실마리를 따져 마음에 흠뻑 젖으면 기쁘다." 또 말했다. "배운다는 것은 장차 배운 것을 실행한다는 말이다. 항상 익히면 배운 것이 내 안에 있게 된다. 그러므로 기쁘다."

사씨[사량좌謝良佐]가 말했다. "시습(時習)은 어느 때고 익히지 않는 때가 없다는 말이니 앉아 있을 때는 [제사 지낼 때 차분하게 앉는] 시동(尸童)과 같이 하는 게 앉아 있을 때의 익힘이고, 서 있을 때의 익힘은 제사 때 재계하듯 몸을 단정히 하는 것이다."

子曰 : 學而時習之, 不亦說乎.

說, 悅同. 學之爲言, 效也. 人性皆善, 而覺有先後, 後覺者必效先覺之所爲, 乃可以明善而復其初也. 習, 鳥數飛也. 學之不已, 如鳥數飛也. 說, 喜意也. 旣學而又時時習之, 則所學者熟, 而中心喜說, 其進自不能已矣. 程子曰 : "習, 重習也. 時復思繹, 浹洽於中, 則說也." 又曰 : "學者, 將以行之也. 時習之, 則所學者在我, 故說." 謝氏曰 : "時習者, 無時而不習. 坐如尸, 坐時習也 ; 立如齊, 立時習也."

② 有朋自遠方來, 不亦樂乎.

본문의 락(樂)은 락(洛)으로 읽는다. 붕(朋)은 자기와 동류다. 먼 곳에서 온다면 가까운 곳에 있는 사람들은 어떠할지 알 수 있다.

정자가 말했다. "자신의 선함이 남에게 영향을 미치면 믿고 따르는 사람이 많다. 그러므로 즐거울 수 있다." 또 말했다. "열(說)이라는 기쁨은 마음속에 있는 것이고 낙(樂)이란 즐거움은 주로 밖으로 드러나 발산하는 것이다."

有朋自遠方來, 不亦樂乎.

樂, 音洛. 朋, 同類也. 自遠方來, 則近者可知. 程子曰 : "以善及人, 而信從者衆, 故可樂." 又曰 : "說在心, 樂主發散在外."

③ 人不知而不慍, 不亦君子乎.

본문의 '온'(慍)은 '운'으로 읽는다.* 성낸다[慍]는 노기(怒氣)를 품었다는 뜻이다. 군자(君子)는 덕을 완성한 사람을 이른다.

윤씨(윤돈尹焞)가 말했다. "배움은 자신에게 달려 있고, 알아주는 것과 알아주지 않는 것은 남에게 달려 있으니 무에 성낼 게 있겠는가."

정자가 말했다. "남에게 영향을 미치는 것에 즐거움을 느낄 수 있긴 하나 옳다고 인정받지 못해도 근심이 없어야 이른

---

* 원문의 '우문반'(紆問反)은 '반절'(反切)이라는 전통적인 읽기 방식을 표기한 것이다. '우'(紆)라는 소리와 '문'(問)이라는 소리를 각각 반씩 읽으라는 말로, '우'(紆)라는 음의 위쪽 반에 해당하는 'ㅇ'과 '문'(問)이라는 음의 아래 반에 해당하는 'ᅟᅮᆫ'을 합쳐 읽는다. 반절은 중국 고대음을 표시한 것으로 옛음을 복원하는 중요한 자료이기도 하다. 중국 음 기준이기 때문에 우리식 읽기인 '온'과 차이가 있다.

바 군자이다."

내 생각은 이렇다. 남에게 영향을 주어 즐거워하는 것은 순리에 맞는 일이라 쉽고 남이 알아주지 않아도 성내지 않는 것은 세상 이치와 거슬러 어렵다. 그러므로 오직 덕을 완성한 사람만이 할 수 있다고 했다. 그러나 덕이 완성되는 방법 또한 배움이 올바르고, 익힘이 원숙하며, 기쁨이 깊어지는 데 있다고 하였으니 이를 그만두지 아니할 뿐이다.

人不知而不慍, 不亦君子乎.

慍, 紆問反. 慍, 含怒意. 君子, 成德之名. 尹氏曰 : "學在己, 知不知在人, 何慍之有." 程子曰 : "雖樂於及人, 不見是而無悶, 乃所謂君子." 愚謂及人而樂者順而易, 不知而不慍者逆而難, 故惟成德者能之. 然德之所以成, 亦曰學之正·習之熟·說之深, 而不已焉耳.

○ 정자가 말했다. "즐거움이란 마음속의 기쁨이 있은 다음에 생기는 것이니 즐거워하지 않으면 군자라고 말할 수 없다."**

○ 程子曰 : "樂由說而後得, 非樂不足以語君子."

** 이 부분은 장하주(章下註)라 한다. 한 장(章)이 끝나고 따로 간격을 두고서 권점[○]을 치고 그 밖의 기록할 만한 다른 의견을 수록한 것이다.

유보남, 『논어정의』

① 子曰：學而時習之, 不亦說乎.

[하안(何晏), 『논어집해』(論語集解) 주(注)] 한(漢) 마융(馬融)은 말했다. "자(子)는 남자에 대한 통칭으로 공자를 말한다." 한(漢) 왕숙(王肅)은 말했다. "시(時)는 배우는 사람은 때에 맞게 외우고 익힌다는 말이다. 외우고 익히기를 때에 맞게 하기에 배우는데 손에서 책을 버리지 않으니 이에 기쁘게 된다."

[『논어』 원문에 대한 유보남의 주] ○ 정의(正義)는 말한다.
* 왈(曰)에 대해 : 황간(皇侃)이 『논어의소』(論語義疏)에 『설문해자』(說文解字)를 인용해 "입을 열고 혀로 말하는 것을 일러 말한다[曰]고 한다"라고 했다[㬰]. 형병(邢昺)은 『논어주소』(論語注疏)에 『설문해자』를 인용해, "왈(曰)은 사(詞)다. 입 구(口, ㅂ) 부수를 따르며 을(乙)이라 읽는다. 또한 입에서 기운

이 나온 것을 형상한 것이다”라고 했다. 『설문해자』에서 인용한 것이 각자 다르다. 청(淸) 단옥재(段玉裁)는 『설문해자』를 교정해 “입 구(口)의 의미부를 따르며 새 을(乙)은 입에서 기운이 나온 것을 본뜬 것이다”라 했고 또 당(唐)나라 때 편찬된 『경전석문』(經典釋文)에 수록된 『효경』(孝經) 판본을 인용해 “을(乙)이 입[口] 위에 있는 모양을 따른 글자로[ ], 을(乙)은 기운을 형상한 것인데 사람이 말하려 할 때 입 위에 기운이 생기기 마련이다. 그러므로 ‘왈’(曰)이란 글자는 윗부분이 생략된 모양이다[ ]”라고 했다.

* 학(學)에 대해 : 『설문해자』에 “효(斅)는 깨닫는다는 말이다. 교(敎)를 의미 부분으로 하고 경(冂)을 의미 부분으로 한다. 경(冂)은 아직 어리석다는 말이다. 구(臼)를 형성(形聲)으로 한다.* 학(學,)이라는 글자는 전서체의 글자[篆文] 효(斅,)의 생략 형태다”라고 했다. 『백호통』(白虎通) 「벽옹」(辟雍) 편에, “학(學)이란 말은 ‘깨닫는다’는 뜻이다. 알지 못하던 것을 ‘깨닫는다’는 말이다”라고 했다. 『설문해자』와 풀이가 같다. 『순자』 「권학」(勸學) 편에, “군자가 널리 배우고 날마

---

* 글자를 해체[破字]해서 설명하는 방식[解字]이다. 효(斅) 자는 글자를 해체하면, 爻(효)+臼(구)+子(자)+攴(=攵 ,복)으로 볼 수 있는데 爻+子+攴(=攵)으로 敎(교)를 만들고 부수 글자 臼를 남겨 두었다. 臼는 부수원리에서 글자 모양이 에워싼 모습이라 해서 담으로 둘러싸인 冂으로 해석한다.

다 세 번 자신을 반성하면 지혜가 밝게 되고 행동에 잘못이 없게 된다. 그러므로 높은 산을 오르지 않으면 하늘의 높이를 모르고, 깊은 계곡을 내려다보지 않으면 땅의 두터움을 모르며, 선왕(先王)이 남긴 말을 듣지 못하면 학문의 위대함을 모른다"라고 했다. 「권학」 편에 또 이르기를, "배움은 어디서 시작하고 어디서 끝나는가? 말해 본다. 그 방법은 경(經)을 외우는 데서 시작해 『예』(禮)를 읽는 것에서 끝나며, 그 의의는 사(士)가 되는 것에서 시작해 성인이 되는 것에서 끝난다. 진정 공부가 쌓이고 오랫동안 힘쓰면 배움에 들어간 것이며 배움은 죽음에 이른 다음에야 그친다"라고 했다.

나[유보남]의 생각은 이렇다. 『예기』 「왕제」(王制) 편에, "악정(樂正 : 악관樂官의 우두머리[長])이 네 기술[四術]을 높여 네 학교[四教]를 세워 선왕(先王)의 시서예악(詩書禮樂)을 따라서 사(士)를 만들었다. 봄·가을에는 예악(禮樂)을 가르치고, 겨울·여름에는 시서(詩書)를 가르쳤다.* 왕(王)의 태자(太子)·왕자(王子)·여러 제후의 태자(太子)·경대부(卿大夫)와 원사(元士)들의 적자(適子)·나라에서 뽑은 훌륭한 인재들이 모두 그

* 『예기』 「왕제」를 인용한 부분인데, 56페이지에 같은 곳을 인용한 부분에서는 계절에 따라 가르치는 내용이 다르다. 십삼경주소본을 기준으로 보면 인용한 글은 "봄가을에 예악을 가르치고…"(春秋教以禮樂…)라고 쓴 것이 맞다. 56페이지의 인용은 실수로 보이지만 『예기』의 전승관계와 맞물리는 문제이기 때문에 여기서는 인용에 차이가 있다는 선에서 정리하도록 한다.

곳에 갔다"라고 했다. 이는 시서예악이 귀한 신분이건 천한 신분이건 상관없이 모두 익혔던 학문이며 배움이 크게 이루어진 뒤에 비로소 벼슬에 나갈 수 있었다는 것이니 소위 공자께서 말씀하신 "먼저 예악에 나아갔다"[先進於禮樂]는 말이 이 뜻이다. 춘추시대에는 인재를 뽑아 쓰는 일이 사라졌기 때문에 학교가 대부분 없어졌다. 예악이 무너진 것은 오롯이 이 때문이다. 공자는 15세에 배움에 뜻을 두고[志學] 훗날 벼슬을 하지 않게 되자 곧 여러 경(經)을 손질해 정했다. 『사기』 「공자세가」에, "공자가 정공(定公) 5년에 시서예악을 다듬었다"고 했는데 바로 이것을 말한 것이다. 경(經)을 손질해 정한 뒤 배우는 과정이 다시 보존되었다. 『논어』 모든 편에서 말하는 배운다는 일은 모두 공자가 손질해 정한 것을 가리켜 말한 것이다.

*시습(時習)에 대해 : 『설문해자』에, "시(時)는 사시(四時)다"라고 했다. 춘하추동을 말한다. 하지만 해가 떠 있을 동안의 짧은 시간도 시(時)라고 한다. 뜻이 확장된 것이다. 황간의 『의소』에 "배움에는 세 가지 시(時)가 있다. 첫째, 인간의 몸을 가리켜 시(時)라 한다. 『예기』 「내칙」(內則)에, '6세에는 여러 과목을 배우고 10세에는 글자와 셈하기를 배우며 13세에는 음악을 배우고 시를 외우며 작(勺) 춤을 추고 15세에는 다컸으니[成童] 상(象) 춤을 춘다'라고 했다. 모두 인간의 몸을

시(時)라 한 것이다. 둘째, 연중을 시(時)라 한다. 『예기』「왕제」에, '봄·여름에는 『시』(詩)·음악[樂]을 배우고 가을·겨울에는 『서』(書)·『예』(禮)를 배운다'라고 했다"라고 하였다. 셋째는 하루를 시(時)라 한다. 앞에서 인간의 몸과 연중이라는 두 때를 말했지만 배운 것을 모두 날마다 수련하고 익혀 잠시도 그만둘 수 없다. 지금 "학이시습지"(學而時習之)에서 말하는 시(時)는 하루를 말하는 시(時)다.

*지(之)에 대해 : 『시』(詩) <육아>(蓼莪)에 붙인 정현(鄭玄)의 주석에, "지(之)는 '이것'이라는 말이다"라고 했다. 이는 통상적인 풀이다.

*불역열호(不亦說乎)에 대해 : 『맹자』「등문공 상」(滕文公上)에 "또한 기쁘지 아니한가"라 했는데 조기(趙岐)는 주(注)에, "불역(不亦)은 또한[亦]이다"라고 했다. 『이아』(爾雅) 「석고」(釋詁)에 "열(說)은 즐거워하다[樂]이다"라고 했는데, 황간의 책에는 열(說)을 모두 열(悅)로 썼다. 『설문해자』에 '열'(說) 자는 있고 '열'(悅) 자는 없으니 '열'(悅) 자는 속체(俗體)다. 공자 자신이 "고양된 감정을 발휘해 먹는 것도 잊고 즐거워하며 근심을 잊는다"라 말했고 또, "안회는 배우기를 좋아해 가난해도 그 즐거움을 바꾸지 않았다"라고 칭찬했다. 이는 모두 배움을 즐기는 데에는 그런 점이 있다는 말이다.

*호(乎)에 대해 : 『설문해자』에 "호(乎)는 말의 남는 부분

이다"라 했고, 『이아』 「석고」에 "호(乎)는 어사(語詞)다"라고 했다. 이는 어조사로 쓰였다는 말이다.

[『논어집해』의 주에 대한 유보남의 소(疏)]

○ 『논어집해』(論語集解)의 주(注) : '자자'(子者)에서 '열역'(說懌)까지[馬曰 : "子者, 男子之通稱, 謂孔子也." 王曰 : "時者, 學者以時誦習之. 誦習以時, 學無廢業, 所以爲說懌."]

○ 『정의』(正義)는 말한다. 『백호통』(白虎通) 「호」(號) 편에, "자(子)는 남자 어른의 통칭이다"[子者, 丈夫之通稱也]라고 했는데 『논어집해』의 주(注)와 뜻이 같다. 나이가 많건 적건 모두 자(子)라 부를 수 있다. 그러므로 공자의 문인들이 스승을 칭해 자(子)라고 한 것이다. 형병의 『논어주소』에 "기록으로 전하면서 단지 '자왈'(子曰)이라 한 것은 모두 공자를 가리킨다. 공자의 성스러운 덕이 널리 알려져 다음 세대에게 스승의 모범이 되기에 성씨를 말하지 않아도 사람들이 모두 알았기 때문이다"라고 했다.

*송습(誦習)에 대해 : 『설문해자』에 "송(誦)은 외운다[諷]는 말이다. 풍(諷)은 송(誦)이다"라 했고 『주관』(周官=『주례』周禮) 「춘관」(春官)·「대사락」(大司樂)의 정현 주에, "글에서 등을 돌리고 외우는 것을 풍(諷)이라 하고 소리 내어 가락을 타는 것을 송(誦)이라 한다"고 했다. 송(誦)·습(習)은 모두 입으로

익히는 것이다. 때문에 『논어집해』의 주(注)에 '송습'(誦習)이라 했다. 다만 옛사람들의 배움에는 현악기 연주(음악 공부, 操縵)·비유 익히기(노래 공부, 博依)·다양한 의복(예禮 공부, 雜服)·다양한 기예(박식博識, 興藝)[이상 네 가지는 모두 『예기』「학기」學記에 보이는 말이다] 등 여러 일이 있는데 이 주에서 오로지 '송습'(誦習)이라고만 한 것은 하나를 들어 나머지 것들을 드러낸 것이다. 『설문해자』에 "습(習)은 새가 자주 날갯짓하는 것이다"라고 했는데 이 뜻이 확장돼 거듭 익힌다[重習], 학습한다는 뜻이 되었다. 『여람』(呂覽) 「심기」(審己) 편의 주(注)에, "습(習)은 배운다[學]는 말이다"라고 했다. 뒤의 장, "스승에게서 배운 것을 익히지 않았는가"라는 말에 대한 뜻풀이도 또한 똑같다.

* '배우는데 손에서 책을 놓지 않으니'[學不廢業]에 대해 : 폐(廢)는 버린다[棄]는 말이다. 『설문해자』에 "업(業)은 큰 널빤지다. 종이나 북을 장식하고 매다는 기구로 톱날처럼 들쑥날쑥하다"라고 했다. 간책(簡冊)도 대나무를 써서 긴 조각을 만드는데 이것도 '업'(業)이라 한다. 『예기』「곡례」(曲禮)에 "책을 청하면[請業] 일어선다"라는 글의 주(注)는 "업(業)은 책[대쪽 묶음篇·비단 두루마기卷]이다"라고 하였다.

* '기쁘다'[說懌]에 대해 : 『설문해자』「심부」(心部)에 "역(懌)은 열(說)이다"라고 했다. 주(注)는 같은 뜻의 말을 겹쳐

써서 사람들이 알기 쉽도록 한 것이다.

子曰："學而時習之, 不亦說乎.【注】馬曰："子者, 男子之通稱, 謂孔子也." 王曰："時者, 學者以時誦習之. 誦習以時, 學無廢業, 所以爲說懌."

正義曰："曰"者, 皇『疏』引『說文』云："開口吐舌謂之爲曰." 邢『疏』引『說文』云："詞也. 從口, 乙聲. 亦象口氣出也." 所引『說文』各異. 段氏玉裁校定作"從口, 乙象口氣出也." 又引『孝經』『釋文』云："從乙在口上, 乙象氣, 人將發語, 口上有氣, 故曰字缺上也."

"學"者, 『說文』云："斆, 覺悟也. 从教, 从冂. 冂, 尙朦也, 臼聲. 學, 篆文斆省." 『白虎通』辟雍篇："學之爲言覺也, 以覺悟所未知也." 與『說文』訓同. 『荀子』勸學篇："君子博學而日參省乎己, 則智明而行無過矣. 故不登高山, 不知天之高也; 不臨深谿, 不知地之厚也; 不聞先王之遺言, 不知學問之大也." 又云："學惡乎始? 惡乎終? 曰：其數則始乎誦經, 終乎讀禮; 其義則始乎爲士, 終乎爲聖人. 眞積力久則入. 學至乎沒而後止也."

案：王制言"樂正崇四術, 立四教, 順先王詩書禮樂以造士. 春·秋教以禮樂, 冬·夏教以詩書. 王太子·王子·群後之太子·卿大夫元士之適子·國之俊選, 皆造焉." 是詩書禮樂, 乃貴賤通習之學, 學已大成, 始得出仕, 所謂先進於禮樂者也. 春秋時, 廢選擧之務, 故學校多廢, 禮樂崩壞, 職此之由. 夫子十五志學, 及後不仕, 乃更刪定諸經. 『史記』孔子世家言孔子當定公五年已修詩書禮樂, 卽謂此也. 刪定之後, 學業復存. 凡篇中所言爲學之事, 皆指夫子所刪定言之矣.

“時習”者,『說文』云:“時, 四時也.” 此謂春夏秋冬. 而日中晷刻亦得名“時”. 引伸之義也. 皇『疏』云:“凡學有三時:一是就人身中爲時.『內則』云:“六年教之數目, 十年學書計. 十三年學樂·誦『詩』·舞『勺』. 十五年成童舞『象』.” 並是就身中爲時也. 二就年中爲時.『王制』云:“春夏學『詩』·樂, 秋冬學『書』·『禮』.” 三就日中爲時. 前身中·年中二時, 而所學並日日修習, 不暫廢也. 今云“學而時習之”者, “時”是日中之“時”.

“之”者,『詩』蓼莪鄭箋云:“之, 猶是也.” 此常訓.

“不亦說乎”者,『孟子』滕文公上:“不亦說乎.” 趙岐注:“不亦者, 亦也.”『爾雅』釋詁:“說, 樂也.” 皇本凡“說”皆作“悅”.『說文』有“說”無“悅”, “悅”是俗體. 夫子自言“發憤忘食, 樂以忘憂”, 又稱顔回好學, 雖貧不改其樂, 皆是說學有然也.

“乎”者,『說文』云:“乎, 語之餘也.”『廣雅』釋詁:“乎, 詞也.” 此用爲語助.

○『注』“子者”至“說懌”. ○正義曰:『白虎通』號篇:“子者, 丈夫之通稱也.” 與此注義同. 言尊卑皆得稱“子”, 故此孔子門人稱師亦曰“子”也. 邢『疏』云:“書傳直言‘子曰’者, 皆指孔子. 以其聖德著聞, 師範來世, 不須言其氏, 人盡知之故也.”

“誦習”者,『說文』:“誦, 諷也. 諷, 誦也.” 周官大司樂注:“倍文曰‘諷’, 以聲節之曰‘誦’.” “誦”·“習”皆是口習, 故此注言“誦習”也. 但古人爲學, 有操縵·博依·雜服·興藝諸事, 此注專以"誦習"言者, 亦擧一端以見之也. 『說文』: "習, 鳥數飛也." 引伸爲凡重習·學習之義. 『呂覽』審己注: "習, 學也." 下章"傳不習乎", 訓義亦同.

"學不廢業"者, 廢者, 棄也. 『說文』: "業, 大版也. 所以飾縣鐘鼓, 捷業如鋸齒." 簡冊亦用竹爲版, 故亦名"業". 曲禮云: "請業則起." 注"業謂篇卷也"是也.

"說懌"者, 『說文』心部: "懌, 說也." 注重言以曉人.

② 有朋自遠方來, 不亦樂乎.

[하안, 『논어집해』 주(注)] 한나라 포함(包咸)은 말했다. "같은 문하에서 공부하는 사람을 붕(朋)이라 한다."

[『논어』 원문에 대한 유보남의 주] ○ 정의(正義)는 말한다.

송상봉(宋翔鳳)의 『박학재찰기』(樸學齋札記)에, "『사기』 '세가'(世家)에 '정공(定公) 5년, 노나라는 대부(大夫)부터 그 아래로 모두 분수를 넘어 정도(正道)에서 벗어났다. 때문에 공자는 벼슬하지 않고 물러나 시서예악(詩書禮樂)을 가다듬었다. 제자가 더욱 많아져 먼 곳에서 와 수업을 받는 정도에까지 이르렀다'"라는 기록이 보인다. '제자가 먼 곳에서 왔다'는 말이 바로 '유붕자원방래'(有朋自遠方來)의 뜻이다. '붕'(朋)은 제자를 가리킨다. 그러므로 『백호통』 「벽옹」 편에 "스승·제자 사이의 도리에는 세 가지가 있다. 『논어』에 '유붕자원방래'(有朋自遠方來)라고 한 것은 붕우 간의 도리다"라고 하였다. 또 『맹자』에 "자탁유자(子濯孺子)가 '그가 사귄 벗[取友]은 반드시 단정할 것이다'라고 말했는데 이때의 벗[友]은 제자를 가리킨다"라고 했다. 내 생각에는 송상봉의 설이 맞다.

『경전석문』에는, "붕(朋)은 혹 우(友)라 쓰기도 한다고 했는데 틀렸다". 『백호통』에 '유붕'(有朋)을 인용해 '붕우'(朋友)라고 쓴 것을 생각해 보면, 『백호통』에는 본래 '우붕'(友朋)이라 썼는데 이는 『경전석문』에 수록된 다른 판본이었고 나중에 어떤 사람이 '붕우'(朋友)라 고친 것 같다. 송나라 때 홍괄(洪适)이 찬(撰)한 『예석』(隷釋)에 수록된 한(漢)나라 누수비(婁壽碑)에는 '유붕자원'(有朋自遠)이라 기록되었으니 또한 '유붕'(有朋)이라 쓴 것이다. 노문초(盧文弨)는 『석문고증』(釋文考證)에서, "『여씨춘추』(呂氏春秋) 「귀직」(貴直) 편에 '남쪽에서 사람이 온다'[有人自南方來]는 말과 구법(句法)이 아주 비슷하다. 이에 『경전석문』에서 육덕명(陸德明)이 '우'(友)라고 쓴 것은 틀렸다"라고 했다.

* 자원방래(自遠方來)에 대해 : 『광아』(廣雅) 「석고」(釋詁)에 "자(自)는 '~로부터'라는 말이다", 『이아』(爾雅) 「석고」(釋詁)에 "원(遠)은 멀다[遐]는 말이다", 『회남자』(淮南子) 「병략

훈」(兵略訓)에 "방(方)은 땅[地]이다", 『예기』(禮記) 「표기」(表記)의 주(注)에 "방(方)은 사방(四方)이다"라고 했다. 『이아』「석고」에 "래(來)는 온다/이른다는 말이다"라고 했는데 또한 통상적인 풀이다. 『예기』「학기」(學記)에 이르기를, "학문이 대성(大成)에 이르러야 백성을 교화하고 풍속을 바꿀 수 있다. 가까운 사람은 기뻐하며 복종하고 먼 곳의 사람은 그리워하니 이것이 대학의 도다"라고 했다. 그렇다면 벗이 오는 것은 바로 학문이 완성됐다는 증거다.

* 불역락호(不亦樂乎)에 대해 : 『창힐편』(蒼頡篇)에, "락(樂)은 기뻐하는 것이다"라고 했다. '열'(說)과 같은 뜻이다. 『역』(易) 「상전」(象傳)에, "연못이 이어져 있으니[이택麗澤] 태(兌=悅)괘이다. 군자는 이것을 보고서 붕우와 함께 모여 공부하며 익힌다"라 했는데 '태'(兌)는 '열'(說)이다. 『예기』「중용」(中庸)에, "성(誠)은 스스로 자기를 완성하는 데 그치는 게 아니라 남을 완성해 주는 것이기도 하다"[誠者, 非自成己而已也, 所以成物也]라고 했는데 이 글의 '시습'(時習)이 "자신을 완성하는 것"[成己]이며 '붕래'(朋來)가 "남을 이루어 주는 것"[成物]이다. 다만 '성물'(成物) 또한 '성기'(成己)에서 유래하기 때문에, 자신에게 체현되는 공부를 잘 하고 난 뒤에 또 '가르치며 배워 서로 성장하는'[教學相長] 이익을 얻었기에 많은 인재가 찾아와 즐겁게 되는 것이다. 맹자는 "천하의 영재를 얻어

교육하는 것"을 즐거움으로 삼았는데 또한 이 뜻이다.

[『논어집해』의 주에 대한 유보남의 소(疏)]

○ 『논어집해』(論語集解)의 주(注) : 포함은 말했다. "같은 문하에서 공부하는 사람을 붕(朋)이라 한다."[包曰 : "同門曰朋"]

○ 『정의』(正義)는 말한다. 『문선』(文選) <고시19수>(古詩十九首)에 정현의 주를 인용했는데 포함의 주와 같다. '동문'(同門)은 함께 머물며 같은 스승의 문하에 있는 것을 말한다. 『예기』 「학기」(學記)에, "옛날 가르치는 사람은 집에 글방[塾]을 두었다"라고 했는데 그 주(注)는 이렇다. "옛날 벼슬을 하다 그만둔 사람은 고향 마을로 돌아와 가르쳤다. 아침저녁으로 (마을 어귀의) 문에 앉았는데 문 옆의 집을 글방이라 했다." 공영달(孔穎達)은 이 주를 설명[疏]하면서, "『주례』(周禮)에, 100리 내 25집을 여(閭)라 하며 한 골목을 공유한다. 골목 머리에 문이 있는데 문 곁에 글방을 두었다"라고 했다. 공자 시대에는 학교가 이미 사라져서 벼슬을 하고 그만둔 사람들이 대부분 스승 되는 일을 맡지 않았다. 공자가 이에 처음으로 노나라에 가르치는 곳을 설치해 스승의 길을 자임하고 문을 열어 글을 가르쳤다. 수수(洙水)와 사수(泗洙) 지역[공자의 고향]에서는 반드시 별도로 강의하고 익히는 곳을 두었으므로 옛날 집에 두었던 글방이 아니다.

有朋自遠方來, 不亦樂乎.【注】包曰："同門曰朋."

正義曰：宋氏翔鳳『樸學齋札記』："『史記』世家：'定公五年, 魯自大夫以下, 皆僭離於正道, 故孔子不仕, 退而修詩書禮樂, 弟子彌衆, 至自遠方, 莫不受業焉.'" 弟子至自遠方, 卽 '有朋自遠方來'也. '朋'卽指弟子, 故『白虎通』辟雍篇云："師弟子之道有三, 『論語』曰 '有朋自遠方來', 朋友之道也." 又『孟子』"子濯孺子曰：'其取友必端矣', 亦指'友'爲弟子." 按：宋說是也. 『釋文』云："有或作友, 非." 考『白虎通』引"有朋"作"朋友", 疑『白虎通』本作"友朋", 卽『釋文』所載或本, 後人乃改作"朋友"耳. 『隷釋』載漢婁壽碑"有朋自遠", 亦作"有朋". 盧氏文弨『釋文考證』云："『呂氏春秋』貴直篇'有人自南方來', 句法極相似. 陸氏謂'作友非是'也."

"自遠方來"者, 『廣雅』釋詁："自, 從也." 『爾雅』釋詁："遠, 遐也." 『淮南』兵略訓："方者, 地也." 『禮』表記注："方, 四方也." 『爾雅』釋詁："來, 至也." 亦常訓. 學記言 "學至大成, 足以化民易俗, 近者說服, 而遠者懷之, 此大學之道." 然則朋來, 正是學成之驗.

"不亦樂乎"者, 『蒼頡篇』："樂, 喜也." 與"說"義同. 『易』象傳："麗澤, 兌. 君子以朋友講習." "兌"者, 說也. 『禮』中庸云："誠者, 非自成己而已也, 所以成物也." 此文"時習"是"成己", "朋來"是"成物". 但"成物"亦由"成己", 旣以驗己之功修, 又以得敎學相長之益, 人才造就之多, 所以樂也. 孟子以"得天下英才而敎育之"爲樂, 亦此意.

○『注』"同門曰朋." ○ 正義曰：『文選』古詩十九首注引鄭注此文,

與包同. “同門”者, 謂同處一師門也. 『禮』學記云 : “古之敎者, 家有塾.” 注 : “古者仕焉而已者, 歸敎於閭里, 朝夕坐於門, 門側之堂謂之塾.” 孔疏 : “周禮, 百里之內, 二十五家爲閭, 共同一巷, 巷首有門, 門邊有塾.” 當夫子時, 學校已廢, 仕焉而已者多不任爲師, 夫子乃始設敎於魯, 以師道自任, 開門授業, 洙·泗之間, 必別有講肄之所, 而非爲舊時家塾矣.

③ 人不知而不慍, 不亦君子乎.

[하안, 『논어집해』 주] 온(慍)은 ‘성내다’이다. 사람들이 알아주지 않아도 군자는 성내지 않는다.

[『논어』 원문에 대한 유보남의 주] ○ 『정의』(正義)는 말한다.
* ‘인부지’(人不知)에 대해 : 당시 임금과 경대부가, 학문이 이미 성취된 사람인데도 발탁해 쓸 줄 모르는 것을 말한다.

* ‘불온’(不慍)에 대해 : 정현은 주에, “온(慍)은 ‘원망하다’이다”라고 했는데 『시』(詩) <면>(緜)을 주해(注解)하면서 『모시정의』(毛詩正義)가 인용한 『설문해자』의 풀이와 같다.

* ‘군자’(君子)에 대해 : 『백호통』 「호」(號) 편에, “군자라 부르기도 하는 것은 도덕(道德)을 지녔음을 말한다. 군(君)이라는 말은 무리[羣]를 말한다. 자(子)는 남자 어른에 대한 통

칭이다"라고 했다. 『예기』 「애공문」(哀公問)에, "군자라는 말은 인간이 완성됐음을 말한다"라고 했다. 『예기』 「중용」에, "선생님께서 말씀하셨다. '자기 자신을 올바로 하고 남에게 구하지 않으면 원망이 없다. 위로는 하늘을 원망하지 않으며 아래로 사람을 탓하지 않는다'"라고 기록했다. 또 『논어』 하편에, "선생님께서 말씀하셨다. '나를 모르는구나. 하늘을 원망하지 않으며 사람을 탓하지 않는다. 아래에서 공부해 위에 도달하니 나를 알아주는 건 하늘일 것이다'"라고 했다. 자신의 배움이 위로 하늘에 이르러 하늘이 알아주게 된다면 사람들이 알 수 있는 게 아니다. 그러므로 원망하고 탓할 게 없다는 말이다. 공자가 일생 동안 덕으로 나아가 공부한 크기가 모두 이 장에 담겨 있다. 이런 까닭에 배우고 싫증 내지 않으며 늘 익히니, 이것이 지(知)다. 사람을 가르치면서 게으르지 않아 벗이 찾아오니, 이것이 인(仁)이다. 세상에서 물러나 알려지지 않아도 후회하지 않으며 알아주지 않아도 성내지 않으니 오직 성자(聖者)만이 할 수 있다. 공자는 쇠망하는 주나라 시대에 태어나 하늘이 천하를 평화롭게 다스리려 하지 않을 것을 알았다. 그렇기에 오로지 선왕(先王)의 도를 지키면서 뒤에 배울 사람을 기다렸다. 기록한 사람은 이 때문에 이 말을 편(篇)의 머리에 놓은 것이다.

[『논어집해』의 주에 대한 유보남의 소(疏)]

○ 『논어집해』(論語集解)의 주(注) : '온노'(慍怒)에서 '불노'(不怒)까지 [慍, 怒也. 凡人有所不知, 君子不怒]

○ 『정의』는 말한다. 『시』 <면>의 모전(毛傳)에 "온(慍)은 성내다[恚]이다"라고 했다. 에(恚)·노(怒)는 같은 뜻이다. 황간은 『의소』의 [이 구절에 대한 두 가지 해석 가운데] 두번째 해석에 이르기를, "군자는 일을 처리할 때 한 사람이 모두 다 갖추기를 구하지 않는다. 그러므로 도를 가르치면서 만약 어떤 사람이 근기(根機)가 아둔해 이해하지 못한다면 군자는 그를 용서하고 화내지 않는다"라고 했는데 이것이 바로 주(注)의 뜻이다. 초순(焦循)은 『논어보소』(論語補疏)에서 "주(注)에 '남이 모르는 게 있다'라 한 것은 사람들 자신이 모른다는 말이지 나를 몰라준다는 말이 아니다. 나는 아는데 남들이 모른다고 이 때문에 화를 낸다면 자랑하려는 마음을 가져서다. 『후한서』(後漢書) 「유림전」(儒林傳) 주(注)에 『위략』(魏略)을 인용한 글이 있다. 그 글에, '악상(樂詳)은 자(字)가 문재(文載)로 황초(黃初) 연간 초에 조정에서 벼슬을 내려 박사(博士)가 되었다. 이때 열 명 남짓 있었던 박사들은 배운 것이 대부분 좁은 데다 다 숙성하지 못했는데 악상만이 오경을 제대로 가르쳤다. 혹 이해할 수 없는 난해한 질문에도 악상은 성내는 기색 없이 지팡이로 땅에 획을 그리고 비유를 끌어오고 유추를 가져와 침

식을 잊을 정도였다'"라고 썼는데 이 글 역시 초순이 주(注)에 설명한 것을 증명한 것이다. 실상 가르치고 배우는 법은 말해 주어도 상대가 알지 못하면 버려 두어도 되니 받아들여지지 않아도 성내지 않는 것을 군자라 칭한다는 말이다. 『집해』의 주(注)에서 말한 것은 경(經=『논어』)의 뜻과 호응하지 않는다.

人不知而不慍, 不亦君子乎."【注】慍, 怒也. 凡人有所不知, 君子不怒.

正義曰:"人不知"者, 謂當時君卿大夫不知己學有成擧用之也.

"不慍"者, 鄭注云:"慍, 怨也."『詩』緜正義引『說文』同.

"君子"者,『白虎通』號篇:"或稱君子者, 道德之稱也. 君之爲言羣也. 子者, 丈夫之通稱也."『禮』哀公問:"君子也者, 人之成名也."『禮』中庸記:"子曰:'正己而不求於人, 則無怨. 上不怨天, 下不尤人.'" 又『論語』下篇:"子曰:'莫我知也夫. 不怨天, 不尤人, 下學而上達. 知我者其天乎.'" 正謂己之爲學, 上達於天, 爲天所知, 則非人所能知, 故無所怨尤也. 夫子一生進德修業之大, 咸括於此章. 是故學而不厭, 時習也, 知也; 誨人不倦, 朋來也, 仁也. 遯世不見知而不悔, 不知不慍, 惟聖者能之也. 夫子生衰周之世, 知天未欲平治天下, 故惟守先王之道, 以待後之學者. 記者因以其言, 列諸篇首.

○『注』"慍怒"至"不怒". ○正義曰:『詩』緜傳:"慍, 恚也." 恚·怒同義. 皇『疏』後一解云:"君子易事, 不求備於一人, 故爲教誨之道, 若有人鈍根不能知解者, 君子恕之而不慍怒也." 此卽『注』義. 焦氏循

『論語補疏』: “注言‘人有所不知’, 則是人自不知, 非不知己也. 我所知而人不知, 因而慍之, 矜也. 『後漢』儒林傳注引『魏略』云: ‘樂詳字文載, 黃初中, 徵拜博士. 時有博士十餘人, 學多褊, 又不熟悉, 惟詳五業並授. 其或難質不解, 詳無慍色, 以杖畫地, 牽譬引類, 至忘寢食.’” 此亦焦氏就『注』說證之. 實則教學之法, 語之而不知, 雖舍之亦可, 無容以不慍卽稱君子. 此『注』所云, 不與經旨應也.

청수더, 『논어집석』

① 子曰: 學而時習之, 不亦說乎.

이본 고찰[考異]

○ 황간(皇侃)의 『논어의소』(論語義疏)(이하 '황본')에는 '열'(說) 자를 '열'(悅)로 썼다.

○ 적호(翟灝)의 『사서고이』(四書考異) : 옛날에는 기뻐한다는 '열'(說)과 논하고 말하는 '설'(說)이 같은 글자였다. 후한 때 '심'(心) 자를 더하고 의미를 분명히 해 구별했다. '열'(悅) 자는 『광운』(廣韻)에 처음 보인다.

○ 서현(徐鉉)의 『신수자의』(新修字義) : "경전(經典)에는 '열'(說)로만 썼다"라 한다. 하지만 『모시』(毛詩)에 "여자의 아름다움을 기뻐한다"[說懌女美]라 했고 육덕명이 풀이하면서 "또 '열'(悅)이라고도 한다"라 했으며 『이아』「석고」에 "열(悅)은 즐거워하다[樂]. 열(悅)은 [기뻐하며] 따른다[服]"라고 해서

모든 책이 '열'(悅)로 썼다. 헌데 『맹자』에는 단지 '열'(悅) 자를 썼으니, 두 글자가 통용되어 쓴 지 이미 오래되었다. '열'(說) 자가 『논어』에 보이는데, 예컨대 「공야장」(公冶長)에 "선생님께서 기뻐하셨다"[子說], 「옹야」(雍也)에 "선생님의 도를 기뻐하지 않는 게 아니라"[非不說子之道], "자로가 기뻐하지 않았다"[子路不說], 「자한」(子罕)에 "기뻐하지 않을 수 있겠는가"[能無說乎], 「자로」(子路)에 "가까운 곳의 사람은 기뻐하고"[近者說], 「양화」(陽貨)에 "자로가 기뻐하지 않았다"[子路不說], 「요왈」에 "공은 기뻐하며"[公則說], 같은 곳은 황간본에는 모두 '열'(悅)로 썼다. 「선진」(先進)의 "기뻐하지 않는 게 없다"[無所不說], 「자로」의 "일하기는 쉽지만 기쁘게 하기는 어렵다"[易事而難說]라고 한 두 곳만 국자감(國子監)에 새긴 각본을 인쇄한 판본[監本]과 같다.

○ 생각해 보건대[按] : 적호의 『사서고이』는 고증이 정밀하고 광범위하다. 『논어』의 조목과 관련해 고찰한 부분은 본서에 수록한 것이 매우 많다. 표제어로 '고이'(考異)라 칭한 것은 그 책의 아름다움을 감히 훔치지 않았음을 표시한 것이다.

子曰 : "學而時習之, 不亦說乎.

【考異】 皇侃『論語義疏』本(下簡稱『皇本』) "說"字作"悅". 翟灝『四書考異』(下簡稱『翟氏考異』) : 古喜說, 論說同字, 漢後增从"心"字別之. "悅"初見『廣韻』.

徐鉉『新修字義』云 : "經典只作'說'." 然『毛詩』"說懌女美", 陸氏釋云 : "又作'悅'." 『爾雅』「釋詁」: "悅, 樂也. 悅, 服也." 皆書作"悅". 而『孟子』但用"悅"字, 則二字通寫已久. "說"之見二十篇者, 如「公冶長」篇"子說", 「雍也」篇"非不說子之道"·"子路不說", 「子罕」篇"能無說乎", 「子路」篇"近者說", 「陽貨」篇"子路不說", 「堯曰」篇"公則說", 『皇本』俱作"悅". 惟「先進」"無所不說", 「子路」"易事而難說", 仍如監本.

按 : 翟灝『四書考異』考證精博. 關於『論語』條考部分, 本書收錄極多. 標題仍稱考異者, 示不敢掠美也.

고증

○ 『백호통』(白虎通) : 자(子)는 성인 남자의 통칭이다.

○ 고염무(顧炎武)의 『일지록』(日知錄) : 주(周)나라 제도에 공(公)·후(侯)·백(伯)·자(子)·남(男)이라는 오등급의 벼슬이 있어 대부(大夫)가 높은 자리이기는 하나 감히 자(子)라 부르지 않았다. 춘추시대 희공(僖公)·문공(文公) 이후 정권을 잡은 경(卿)을 자(子)라고 부르기 시작해 그 후 공부한 사람들에게 추앙받는 필부도 자(子)라 부를 수 있게 되는데 노자(老子)·공자(孔子)가 이에 해당한다. 공자 제자 가운데 유자(有子)·증자(曾子) 두 사람만이 자(子)라고 불렸으며, 민자(閔子)·염자(冉子)는 겨우 한 번 보인다.

○ 왕중(汪中)의 『술학별록』(述學別錄) : 옛날 고·경·대부(孤卿大夫)* 를 모두 자(子)라 불렀는데 자(子)는 오등급 벼슬의 하나였다. 『주관』(周官) 「전명」(典命)에 "공(公)의 고(孤)는 사명(四命)의 벼슬로 가죽과 비단을 쓰며 소국(小國)의 임금과 지위가 동등하다"라 했으며 「대행인」(大行人)에, "대국(大國)의 고(孤)는 그 예가 소국(小國)의 임금과 지위가 동등하다"라 했다. 『춘추좌전』(春秋左傳)에, "열국(列國)의 경(卿)은 소국(小國)의 임금 지위에 해당한다"라 했는데 소국(小國)의 임금은 자(子)·남(男)이다. 자(子)·남(男)은 같은 등급이기에 병칭할 수 없다. 그러므로 자(子)를 드러내고 남(男)을 없애 높은 것을 따른다. 왕조(王朝)로 보면 유자(劉子)·선자(單子)가, 열국(列國)으로는 고자(高子)·국자(國子)가 이에 해당한다. 왕조에서는 자식이 태어나면 자(子)라 부르고 세상을 떠나면 시호를 붙이고 공(公)이라 부른다. 열국에서는 자식이 태어나면 자(子)라 부르고 세상을 떠나면 시호를 붙이고 역시 자(子)라 부른다. 자(子)라고만 불러서는 말이 되지 않기 때문에 부자(夫子)라고 한다.

부(夫)라는 말은 사람을 가리키는 명칭이었다. 『춘추좌

---

* 고(孤)는 삼경(三卿) 아래 벼슬. 통상 삼고(三孤)라 해서 소사(少師)·소부(少傅)·소보(少保)를 가리킨다.

전』에, "저 사람은 진정 그대를 두고 말하겠지"[夫固謂君], "저 사람이 어찌 모르겠는가"[夫豈不知]라고 하였는데 복건(服虔)은 "저 사람[夫]은 투백비(鬪伯比)를 말한다"고 설명했다. "저 사람이 돌침이라면 오히려 나를 살릴 수 있을 거요"[夫石猶生我]라고 한 말에 복건은 "저 사람[夫]은 맹손(孟孫)을 말한다"라 했고, "저 사람이 너를 미워하지 않느냐"[夫不惡女乎]라는 말에는, 복건과 두예(杜預) 모두 "저 사람[夫]은 태자(太子)를 말한다"라고 했다. 부(夫)라는 말을 자(子)와 짝지어 이른 바 잘 가져와 말을 만들었다고 하겠다. 무릇 대부인 사람들은 자기에게 잘 맞는 칭호라고 생각한 뒤로는 모두 부자(夫子)라고 불렀다. 맹헌자(孟獻子)는 목백(穆伯)의 손자인데 목백의 두 아들을 친하게 여겨 자신의 제부(諸父)로 삼고는 부자(夫子)라고 불렀다. 최성(崔成)·최강(崔彊)은 자신들의 아버지를 또한 부자(夫子)라고 불렀다. 그러므로 대부인 사람들이 으레 부자라고 불렀지 친한 것으로 구별한 것이 아님을 알겠다. 공자는 노나라의 사구(司寇)를 지냈는데 그 문인(門人)들이 자(子)라 하고 부자(夫子)라 했다. 후인(後人)들이 이를 따라 어른이나 스승의 통칭으로 삼은 것이지 그 시초에 근원을 둔 것은 아니다.

○ 유보남(劉寶楠)의 『논어정의』(論語正義, 이하 『유씨정의』劉氏正義로 약칭한다) : '왈'(曰)은, 황간(皇侃)은 『논어의소』

(論語義疏)에 『설문해자』를 인용해 "입을 열고 혀로 말하는 것을 말한다[曰]고 한다"라고 했다. 형병(邢昺)은 『논어주소』(論語注疏)에 『설문해자』를 인용해, "왈(曰)은 사(詞)다. 입 구(口) 부수를 따르며 을(乙)이라 읽는다. 또한 입에서 기운이 나온 것을 형상한 것이다"라고 했다. 『설문해자』에서 인용한 것이 각자 다르다. 청(淸) 단옥재(段玉裁)는 『설문해자』를 교정해 "입 구(口)의 의미부를 따르며 새 을(乙)은 입에서 기운이 나온 것을 본뜬 것이다"라 했고 또 당(唐)나라 때 편찬된 『경전석문』(經典釋文)에 수록된 『효경』(孝經) 판본을 인용해 "을(乙)이 입[口] 위에 있는 모양을 따른 글자로, 을(乙)은 기운을 형상한 것인데 사람이 말하려 할 때 입 위에 기운이 생기기 마련이다. 그러므로 왈(曰)이란 글자는 윗부분이 생략된 모양이다"라고 했다.

'학'(學)은 『설문해자』에, "효(斅)는 '깨닫는다'는 말이다. 교(敎)를 의미 부분으로 하고 경(冂)을 의미 부분으로 한다. 경(冂)은 아직 어리석다는 말이다. 구(臼)를 형성(形聲)으로 한다. 학(學)이라는 글자는 전서체의 글자[篆文] 효(斅)의 생략 형태다"라고 했다. 『백호통』(白虎通) 「벽옹」(辟雍) 편에, "학(學)이란 말은 '깨닫는다'는 뜻이다. 알지 못하던 것을 '깨닫는다'는 말이다"라고 했다. 『설문해자』와 풀이가 같다.

【考證】『白虎通』: 子者, 丈夫之通稱.

顧炎武『日知錄』: 周制, 公·侯·伯·子·男爲五等之爵, 而大夫雖貴, 不敢稱子. 春秋自僖文以後, 執政之卿始稱子. 其後匹夫爲學者所宗亦得稱子, 老子·孔子是也. 孔子弟子惟有子·曾子二人稱子, 閔子·冉子僅一見.

汪中『述學別錄』: 古者孤卿大夫皆稱子, 子者, 五等之爵也. 『周官』「典命」: "公之孤四命, 以皮帛視小國之君." 「大行人」: "大國之孤, 其禮視小國之君." 『春秋傳』: "列國之卿當小國之君." 小國之君則子·男也, 子·男同等, 不可以並稱, 故著子去男, 從其尊者. 王朝則劉子·單子, 列國則高子·國子是也. 王朝生稱子, 沒配謚稱公. 列國生稱子, 沒配謚亦稱稱子. 此其別也. 稱子而不成辭, 則曰夫子.

夫者, 人所指名也. 『春秋傳』: "夫固謂君", "夫豈不知", 服云: "夫謂鬬伯比." "夫石猶生我", 服云: "夫謂孟孫." "夫不惡女乎", 服杜並云: "夫謂太子." 以夫配子, 所謂取足以成辭爾. 凡爲大夫, 自適以下皆稱之曰夫子. 孟獻子, 穆伯之孫. 穆伯之二子親爲其諸父, 而曰夫子. 崔成崔彊稱其父亦曰夫子. 故知爲大夫者例稱夫子, 不以親別也. 孔子爲魯司寇, 其門人稱之曰子, 曰夫子, 後人沿襲以爲師長之通稱, 而莫有原其始者.

劉寶楠『論語正義』(下簡稱『劉氏正義』): "曰"者, 『皇疏』引『說文』云: "開口吐舌謂之爲曰." 『邢疏』引『說文』云: "曰, 詞也. 從口, 乙聲. 亦象口氣出也." 所引『說文』各異. 段氏玉裁校定作"從口, 乙象口氣出也." 又引『孝經』·『釋文』云: "從乙在口上, 乙象氣, 人將發語, 口上有氣, 故曰字缺上也."

"學"者, 『說文』云 : "斆, 覺悟也. 从教, 从冂. 冂, 尙矇也, 臼聲. 學, 篆文'斆'省." 『白虎通』「辟雍」篇 : "學之爲言, 覺也, 以覺悟所未知也." 與『說文』訓同.

하안, 『논어집해』

한(漢) 마융(馬融)은 말했다. "자(子)는 남자에 대한 통칭으로 공자를 말한다." 한(漢) 왕숙(王肅)은 말했다. "시(時)는 배우는 사람은 때에 맞게 외우고 익힌다는 말이다. 외우고 익히기를 때에 맞게 하기에 배우는데 손에서 책을 버리지 않으니 이 때문에 기쁘게 된다."

○ 생각해 보건대[按] : 하안의 『논어집해』 서문에 "고론(古論)은 오직 박사(博士) 공안국(孔安國)이 『훈해』(訓解)를 지었는데 세상에 전하지 않는다. 순제(順帝) 때에 이르러 남군태수(南郡太守) 마융이 또한 『훈설』(訓說)을 지었다"라고 했다. 형병의 『논어주소』에는 "마융 또한 『고문논어훈설』을 지었다"라 했다. 황간의 『논어의소』에는, "『노론훈설』을 지었다"고 했는데 아니다. 수나라와 당나라의 기록에도 모두 실려 있지 않으니 사라진 지 이미 오래 됐다.

왕숙의 『의설』(義說)은 사서(史書)의 지(志)에서는 역시 '주'(注)라 칭하는데 하안의 『논어집해』 서문과 진군(陳羣)·주생열(周生烈) 모두 『의설』이라 부른다. 『칠록』(七錄)에는 왕숙 『논어주』(論語注) 10권이라 했고 『수서』(隋書) 「경적지」(經籍志)에는 "사라졌다"고 했으며 『당서』(唐書) 「예문지」(藝文志)·육덕명(陸德明)의 『경전석문』(經典釋文) 서록에는 모두 "왕숙 『논어주』 10권"이라 했으니 수나라 때 사라졌다가 당나라에 다시 나왔는데 지금은 없어져 볼 수 없다. 마융의 『논어훈설』(論語訓說) 2권과 왕숙의 『의훈』 1권만 각자 수집본이 있는데 『옥함산방집일서』(玉函山房輯佚書)에 실려 있다.

【集解】 馬融曰 : "子者, 男子之通稱, 謂孔子也." 王肅曰 : "時者, 學者以時誦習之. 誦習以時, 學無廢業, 所以爲悅懌."

按 : 何晏『集解』序云 : "古論唯博士孔安國爲之『訓解』, 而世不傳. 至順帝時, 南郡太守馬融亦爲之『訓說』." 邢昺『疏』云 : "馬融亦爲『古文論語訓說』." 皇侃『疏』謂爲『魯論訓說』, 非也. 隋·唐志皆不載, 佚已久.

王氏『義說』, 史志亦稱"注", 何晏『集解』序與陳羣·周生烈並云"義說". 『七錄』有王肅『論語注』十卷. 『隋書』「經籍志」云亡, 『唐書』「藝文志」·陸德明『經典釋文』序錄並有王肅『論語注』十卷. 蓋隋代散失, 至唐復出, 今則佚不可見矣. 惟論語馬氏『訓說』二卷, 王氏『義訓』一卷各有輯本, 在『玉函山房輯佚書』中.

당(唐) 이전 고주(古注)

황간의 『논어의소』(이하 『황소』로 약칭한다) : 왈(曰)은 말을 하는 시작이다. 허신(許愼)의 『설문해자』에, "입을 열어 말하는 것을 왈(曰)이라고 말한다"라고 했다.(생각해 보건대 현재의 『설문해자』에는 이 구절이 없다.)

배움에는 세 가지 시(時)가 있다. 첫째, 인간의 몸을 가리켜 시(時)라 한다. 둘째, 연중을 시(時)라 한다. 셋째는 하루를 시(時)라 한다. 인간의 몸을 말한 것은 수학(受學)하는 길은 시간 선택이 우선이라는 말이다. 어른이 되면 틀에 걸려 들어가지 못하고 어리면 헷갈리고 어둡다. 그러므로 『예기』 「학기」에, "생겨난 다음에 금지하면 틀에 가로막혀 이겨낼 수 없고, 때가 지나 배우면 부지런히 애써도 이루기 어렵다"고 한 말이 이것이다. 반드시 때를 기다린 다음이어야 한다. 그러므로 『예기』 「내칙」에, '6세에는 수(數)와 방위 이름을 가르치고, 7세에는 남녀가 같은 자리에 있지 않고, 8세에는 양보하는 것을 가르치기 시작하고, 9세에는 날짜 세는 법을 가르치고, 13세에는 음악을 배우고 시를 외우며 작(勺) 춤을 추고, 15세에는 다 컸으니[成童] 상(象) 춤을 춘다'라고 했다. 모두 인간의 몸을 시(時)라 한 것이다.

연중(年中)을 시(時)라 한 것은 배움이 사계절의 기운을 따르면 배운 것이 쉽게 몸에 들어가는 것을 말한다. 『예기』

「왕제」에, "봄·여름에는 『시』(詩)·음악[樂]을 배우고 가을·겨울에는 『서』(書)·『예』(禮)를 배운다"라고 한 말이 이것이다. 봄·여름은 양(陽)으로 양(陽)의 몸은 가볍고 맑다. 『시』(詩)·음악[樂]은 소리다. 소리 또한 가볍고 맑다. 가볍고 맑을 때 가볍고 맑은 공부를 배우면 쉽게 익히게 된다. 가을·겨울은 음(陰)이다. 음(陰)의 몸은 무겁고 탁하다. 『서』(書)·『예』(禮)는 일[事]이다. 일 역시 무겁고 탁하다. 무겁고 탁한 때 무겁고 탁한 공부를 배우면 또한 쉽게 익힌다.

하루를 시(時)라 한 것을 앞에서 인간의 몸과 연중이라는 두 때로 말했지만 배운 것을 아울러 매일매일 수련하고 익혀 잠시도 그만둘 수 없다. 그러므로 『예기』「학기」에, "(배움을) 간직하고 수련하며 (배움 속에서) 쉬고 노닌다"라고 한 것은 이를 말한다. 지금 '학이시습지'(學而時習之)에서 말하는 시(時)는 '하루를 말하는 시(時)'다.

【唐以前古注】皇侃『義疏』(下簡稱『皇疏』) : 曰者, 發語之端也. 許氏『說文』云 : "開口吐舌謂之爲曰"(按今『說文』無此文.) 凡學有三時 : 一是就人身中爲時, 二就年中爲時, 三就日中爲時. 一就身中者, 凡受學之道, 擇時爲先 ; 長則扞格, 幼則迷昏. 故「學記」云 : "發然後禁, 則扞格而不勝. 時過然後學, 則勤苦而難成" 是也. 旣必須時, 故「內則」云 : "六年敎之數與方名, 七年男女不同席, 八年始敎之讓, 九年敎之數日, 十三年學樂, 誦詩, 舞勺, 十五年成童舞象."

並是就身中爲時也. 二就年中爲時者, 夫學隨時氣則受業易入. 故「王制」云 : "春夏學『詩』·樂, 秋冬學『書』·『禮』" 是也. 春夏是陽, 陽體輕淸, 『詩』·樂是聲, 聲亦輕淸 ; 輕淸時學輕淸之業則爲易入也. 秋冬是陰也, 陰體重濁 ; 『書』·『禮』是事, 事亦重濁, 重濁時學重濁之業則亦易入也. 三就日中爲時者, 前身中·年中二時, 而所學並日日修習, 不暫廢也. 故「學記」云 : "藏焉, 脩焉, 息焉, 游焉" 是也. 今云 "學而時習之"者, "時"是日中之"時"也.

주희, 『논어집주』

배운다[學]는 말은 본받는다[效]는 뜻이다. 인간의 본성은 모두 선하지만 이를 깨치는 데에는 선후 순서가 있는데 나중에 깨친 사람은 반드시 먼저 깨친 사람이 하는 일을 본받아야 선함을 분명히 알아 본성의 최초 모습을 회복할 수 있다. 익힌다[習]는 말은 새가 자주 날갯짓을 하는 행동과 같다. 열(說)은 기뻐한다는 뜻이다. 이미 배우고 또 늘 배운 것을 익힌다면 배운 것이 무르익어 마음속으로 기뻐하면서 진전하는 것을 스스로 그칠 수 없다.

【集注】 學之爲言, 效也. 人性皆善, 而覺有先後, 後覺者必效先覺之所爲, 乃可以明善而復其初也. 習, 鳥數飛也. 學之不已, 如鳥數飛也. 說, 喜意也. 旣學而又時時習之, 則所學者熟, 而中心喜說, 其進自不能已矣.

그 밖의 논의[餘論]

○ 『주자문집』(朱子文集, 「장경부張敬夫에게 답하는 편지」) : 「학이」(學而)는 이 편의 이름을 말한다. 편의 머리 두 글자를 따서 구별한 것으로 애초에 아무 의미가 없다. 다만 학(學)의 뜻은 이 책을 읽는 사람이 먼저 따져 보지 않으면 안 된다. 학(學)이라 함은, 글자의 뜻으로 말하자면 자신이 알지 못하고 능숙하지 못한 것을, 잘 알고 능숙한 사람에게서 본받는 것을 말한다. 사리(事理)로 말하자면 도달하지 못한 것에 도달하기를 구하는 모든 것을 일러 학(學)이라 한다. 논농사·밭농사·활쏘기·수레몰기 같은 작은 일도 배운다[學]고 말해 그 일과 짝을 지어 '학사'(學射) 등으로 이름 붙일 수 있다. 그런데 이것에만 오로지 몰두한다면 학(學)이란 과연 무엇이겠는가. 사(士)가 되는 것에서 시작해 배움을 통해 성인이 되는 일이 학(學)이다. 이천(伊川) 선생이 말씀하신 '유자의 학'[儒者之學]이 이것이다. 이천 선생 말씀에, "지금의 배움은 세 가지가 있다. 사장학(辭章學), 훈고학(訓詁學), 유자의 학이다. 도(道)에 통하기를 바란다면 유자의 학을 버려서는 불가능하다. 윤시강(尹侍講)은 '배움이란 사람되기를 배우는 것이다'라고 했다. 배워 성인이 된다 함은 역시 사람이 되는 도를 다하는 것에 지나지 않는다"라고 하셨다. 이는 모두 절실하고 정곡을 찌르는 말이다. 공자가 뜻한 바며 안자(顏子)가 배운 것, 자사(子思)·

맹자(孟子)가 전한 것 모두가 이 학(學)이다. 그 정수이자 순일한 것이 모두 이 책에 있으며 이 편이 밝힌 것 또한 배움의 근본이다. 그러므로 배우는 사람은 마음을 다 바쳐 하지 않으면 안 된다.

○ 모기령(毛奇齡)의 『사서개착』(四書改錯) : 학(學)은 의미 없이 쓰는 글자[虛字]가 있고 의미를 살려 쓴 글자[實字]가 있다. 예컨대 학례(學禮, 예를 배우다)·학시(學詩)·학사(學射)·학어(學御) 같은 경우는 허자(虛字)다. '배움에 이르다'[至於學]·'함께 배울 만하다'[可與共學]·'생각의 시종을 배우는 데 종사하다'[念終始典於學] 같은 경우는 실자(實字)다. 『논어』를 펼치면 보게 되는 학(學)이란 한 글자는 의미를 가지고 가리키는 것이 있어 말한 것이다. 그런데 본받다[效]라고 주석을 하면 실제 의미를 풀이하면서 의미 없는 글자로 만들어 버린다. 이미 글자를 풀이하는 방법에서 잘못되어 버린 데다 또 효(效)가 무엇인지도 모르는데 시습(時習)할 수 있겠는가? 게다가 지금까지 자학(字學)에는 전혀 이런 풀이가 없어 때로는 '효'(效)가 '효'(傚)와 통하는 글자라고 하지만 이 또한 허자(虛字)다. 선을 본받을 수 있지만 악도 본받을 수 있는 것이다. 『좌전』(左傳)에, "남에게 죄를 돌리는 것이 명백히 잘못인 줄 알면서 이를 본받는 일"[尤人而效之]이라 했는데 만일 사람들이 탓하는 것을 본받는다면 이것 또한 익히겠다는 것인가. 잘

못된 것이다. 학(學)이란 도·술(道術)의 총칭이다. 가의(賈誼)의 『신서』(新書)에 『일례』(逸禮)를 인용해, "작은 배움[小學]은 작은 도[小道]를 익히고 큰 배움[大學]은 큰 도[大道]를 배운다"라고 했다. 도를 배운다는 관점에서 말하면 대학의 도는 격물(格物)·치지(致知)·성의(誠意)·정심(正心)·수신(修身)·제가(齊家)·치국(治國)·평천하(平天下)가 이것이다. 기술을 배운다는 관점에서 말하면 학정(學正)이 사술(四術, 시서예악詩書禮樂)을 숭상해 봄과 가을에는 예(禮)·악(樂)을 배우고 겨울과 여름에는 시(詩)·서(書)를 배우는 것이 모두 이것이다. 이런 것이 학(學)이다.

○ 황식삼(黃式三)의 『논어후안』(論語後案, 이하 『황씨후안』黃氏後案으로 약칭한다) : 학(學)은 독서(讀書)를 말한다. 왕숙과 정자(程子)의 설명은 같다. 주자는 학(學)을 주석하면서 효(效)라고 풀이했는데 처음 나오는 학(學) 자에 뒤에 보이는 학(學) 자 풀이를 총괄해 연결시켜 보면 예컨대 "누가 호학합니까?"[孰爲好學]·"제자는 배울 수 없습니다"[弟子不能學]·"배우기 원합니다"[願學]·"도를 배우다"[學道] 같은 경우 반드시 효(效)라고 풀어야 뜻이 비로소 통한다. 주자는 정자의 설명을 인용해 학을 독서라 했고 시습(時習)은 글을 읽은 다음 늘 생각하고 실마리를 찾는다는 뜻이라고 했는데 이 장의 올바른 풀이다. 황직경(黃直卿)이 기록한 주자 어록(語錄)에 매우 명

백하다. 이 편에서는, "행동하고 남는 힘이 있거든 글을 배우라"[行有餘力, 則以學文]·"배우지 않았다 하더라도 반드시 배웠다고 말하리라"[雖曰未學, 必謂之學]라 했으며 하편에서는 학(學)·사(思)를 상대지어 말했고 학(學)·문(問)을 상대지어 말했으며 호학(好學)·충신(忠信)을 상대지어 말했고 박학(博學)·약례(約禮)를 상대지어 말했고 문학(文學)·덕행(德行)을 상대지어 말했고 학역(學易), 학시(學詩), 학례(學禮)라고 했는데 모두 독서를 말한다. 그리고 또 "꼭 글을 읽은 연후에야 배웠다고 하겠습니까"[何必讀書, 然後爲學]라는 자로의 번드레한 말솜씨를 배척했다. 배움이란 성인의 도를 배우는 방법이며 성인은 떠나 세상에 없으므로 도는 글에 남아 있는 것이다.

○ 유봉록(劉逢祿)의 『논어술하』(論語述何) : 학(學)은 육경(六經)을 정리해 정한 것을 말한다. 춘추시대에는 이단의 맹아가 이미 싹터 공자가 요순삼왕(三王)의 법도를 서술해 만세에 가르침을 전했다. 이것이 아니면 자사(子思)께서 말씀하신 "배우지 않은" 것이다.

○ 초순(焦循)의 『논어보소』(論語補疏) : 할 수 있는 때를 가리켜 때[時]라 한다. 열(說)은 기쁘다[悅]라고 풀이한다. "분발하지 않으면 계발시키지 않고 밖으로 애써 표출하려 하지 않으면 터주지 않는다"[不憤不啓, 不悱不發]라는 말이 이것이다. "중간 이상의 사람에게는 수준 높은 말을 해줄 수 있지만

중간 이하의 사람에게는 수준 높은 말을 해줄 수 없다"[中人以上可以語上, 中人以下不可以語上]는 게 이것이다. "염구는 물러나려 하기에 그 때문에 나아가도록 한 것이며 자유는 남보다 뛰어나기에 물러나도록 한 것이다"[求也退, 故進. 由也兼人, 故退]라는 게 이것이다. 배움이란 때에 맞게 할 때 기쁨을 느끼는 것이다. 이것이 대학의 가르침은 때에 맞게 하는 까닭이다.

○ 생각해 보건대[按] : '학'(學) 자는 명사와 관계되는데 주희의 『집주』(集注)는 이를 풀이해 동사(動辭)라고 했으니 모기령이 비판한 것은 맞다. 오직 후각자(後覺者)가 반드시 선각자(先覺者)가 한 일을 본받는 것을 학이라 한다면 정밀성과 확고함을 연마할 수 없다.

지금 사람들이야 지식을 구하는 것을 학이라 하지만 옛 사람들은 수신(修身)을 학이라 하였다. 애공(哀公)이 공자에게 "제자 가운데 누가 호학합니까"라고 물은 것을 보자. 공자 제자 가운데 육예(六藝)에 정통한 사람이 72인이나 되건만 공자는 오직 안연만을 호학이라 칭했고 또 "화를 다른 데 옮기지 않고 잘못을 두 번 되풀이하지 않은 것"[不遷怒·不貳過]을 호학이라 하였으니 이것이 첫번째 증거다. 공자는 또 말하길, "군자는 도를 도모하지 먹을 것을 도모하지 않는다. 배움이란 녹(보상)이 그 가운데 있는 것이다"라 하였고, 자장(子

張)이 배워 녹을 구하겠다[子張學干祿]라고 한 말에 답을 하면서, "말에 허물이 적고 행동에 후회가 적으면 녹은 그 가운데 있다"[言寡尤, 行寡悔, 祿在其中矣]라고 했다. 이를 통해 공자는 말과 행동에 허물과 후회가 적은 것을 학으로 보았음을 알 수 있다. 이것이 두번째 증거다. 대학(大學)의 도는 "한결같이 모두 수신을 근본으로 한다"라고 했다. 이것이 세번째 증거다.

【餘論】『朱子文集』(「答張敬夫」) : 「學而」, 說此篇名也. 取篇首兩字爲別, 初無意義. 但學之爲義, 則讀此書者不可以不先講也. 夫學也者, 以字義言之, 則己之未知未能而效夫知之能之之謂也. 以事理言之, 則凡未至而求之者, 皆謂之學. 雖稼圃射御之微, 亦曰學, 配其事而名之也. 而此獨專之, 則所謂學者, 果何學也? 蓋始乎爲士者, 所以學而至乎聖人之事. 伊川先生所謂"儒者之學"是也. 蓋伊川先生之言曰 : "今之學者有三 : 辭章之學也, 訓詁之學也, 儒者之學也. 欲通道, 則舍儒者之學不可. 尹侍講所謂'學者, 所以學爲人'也. 學而至於聖人, 亦不過盡爲人之道而已." 此皆切要之言也. 夫子之所志, 顏子之所學, 子思·孟子之所傳, 皆是學也. 其精純盡在此書, 而此篇所明又學之本, 故學者不可以不盡心焉.

毛奇齡『四書改錯』: 學有虛字, 有實字. 如學禮·學詩·學射·學御, 此虛字也. 若至於學·可與共學·念終始典於學, 則實字矣. 此開卷一學字, 自實有所指而言. 乃注作"效"字, 則訓實作虛, 既失詁字之法, 且效是何物, 可以時習? 又且從來字學並無此訓, 即有時通"效"作

“傚”, 亦是虛字. 善可效, 惡亦可效. 『左傳』“尤人而效之”, 萬一效人尤, 而亦習之乎? 錯矣. 學者, 道術之總名. 賈誼『新書』引『逸禮』云 : “小學業小道, 大學業大道.” 以學道言, 則大學之道, 格致誠正修齊治平是也. 以學術言, 則學正崇四術, 凡春秋『禮』·樂, 冬夏『詩』·『書』皆是也. 此則學也.

黃式三『論語後案』(下簡稱『黃氏後案』) : 學謂讀書, 王氏及程子說同. 朱子注學訓效者, 統解學字於第一學字之中, 如“孰爲好學”·“弟子不能學”·“願學”·“學道”, 必訓爲效而始通. 其引程子說學爲讀書, 時習爲既讀而時思繹, 則此章之正解. 黃直卿語錄甚明. 此篇“行有餘力, 則以學文”, “雖曰未學, 必謂之學”, 下篇學·思對言, 學·問對言, 好學·忠信對言, 博學·約禮對言, 文學·德行對言, 學易, 學詩, 學禮, 皆謂讀書, 而又斥“何必讀書, 然後爲學”之佞. 蓋學者所以學聖人之道, 而聖人往矣, 道在方策也.

劉逢祿『論語述何』 : 學謂刪定六經也. 當春秋時, 異端萌芽已見, 夫子乃述堯舜三王之法, 垂教萬世. 非是則子思子所謂“有弗學”也.

焦循『論語補疏』 : 當其可之謂時. 說, 解悅也. “不憤不啓, 不悱不發”, 是也. “中人以上可以語上, 中人以下不可以語上”, 是也. “求也退, 故進. 由也兼人, 故退”, 是也. 學者以時而說, 此大學之敎所以時也.

按 : “學”字係名辭, 『集注』解作動辭, 毛氏譏之是也. 惟其以後覺者必效先覺之所爲爲學, 則精確不磨. 今人以求知識爲學, 古人則以修身爲學. 觀於哀公問弟子孰爲好學, 孔門身通六藝者七十二人, 而孔子獨稱顏淵, 且以不遷怒·不貳過爲好學, 其證一也. 孔子又曰 : "君子謀道不謀食. 學也, 祿在其中矣." 其答子張學干祿, 則曰 : "言寡尤, 行寡悔, 祿在其中矣." 是可知孔子以言行寡尤悔爲學, 其證二也. 大學之道, "壹是皆以修身爲本", 其證三也.

명확히 뜻을 밝히다[發明]

○ 『초씨필승』(焦氏筆乘) : 이언평(李彥平)이 말했다. "(송나라) 선화(宣和) 연간 경자(庚子)년에 내가 태학(太學)에 들어갔을 때 동창 효손(孝孫) 조중수(趙仲脩)는 이천(伊川) 선생의 고제(高弟) 조언자(趙彥子)의 아들로 나보다 나이가 10여 세 연상이셨다. 신축(辛丑)년 봄 남궁(南宮)에서 과거를 보았는데 중수(仲脩)는 과거에 합격했고 나는 떨어졌다.

중수가 나를 격려하며 말했다. '그대는 한창때이니 한번 떨어졌다고 무슨 해가 되겠소. 우선 돌아가서 글을 읽으면 될 것이오.' 나는 마음이 기쁠 리 없었다.

중수가 말했다. '그대는 자못 『논어』를 읽지 않았소?'

나는 즉각 대답했다. '삼척동자도 다 이 책을 읽었는데 하필 저를 말씀하시다니요.'

중수가 웃으며 말했다. '그대가 이 책을 읽은 줄 바로 알겠으니 그렇다면 학이시습지(學而時習之)라고 말한 것은 무엇을 학(學)이라 한 것이겠소?' 나는 멍하니 대답할 바를 몰랐다.

중수가 천천히 말했다. '소위 학이란 기억하고 묻고 외우고 설명하는 것을 말하는 게 아닙니다. 문장을 다듬고 글귀를 꾸미는 걸 말하는 것도 아닙니다. 성인(聖人)을 배우는 것을 말합니다. 성인을 배우고자 한 이상 저절로 그만둘 수 없습니다. 드나들고 움직이며 생활하는 때도 배움이며 먹고 마시며 유람하는 때도 배움이며 병에 걸리는 것과 생사(生死)의 때도 또한 배움입니다. 사람이란 모름지기 "급작스러운 지경에도 반드시 이때를 따라야 하며 넘어지는 지경에도 반드시 이때를 따라야 한다"[造次必於時, 顚沛必於時]는 말과 "서 있으면 [자기가 공부하는 것이] 앞에 나타난 것을 보아야 하고 수레에 있으면 수레 가름대에 기대 있는 것을 보아야 한다"[立則見其參於前, 在輿則見其倚於衡也]라는 말을 인식해야 성인을 배울 수 있습니다.' 나는 그 말을 듣는 순간 갑작스럽게 뭔가 깨달은 것 같았다."

【發明】『焦氏筆乘』: 李彦平曰"宣和庚子, 某入辟雍. 同舍趙孝孫仲脩, 伊川先生高弟趙彦子之子也, 於某有十年之長. 辛丑春同試南宮, 仲脩中選, 而某被黜. 仲脩勉之曰: '公盛年一跌何傷, 姑歸讀書可也' 某意不懌. 趙曰: '公頗讀『論語』否?' 卽應之曰: '三尺之童皆讀此, 何必某.' 仲脩笑曰: '公卽知讀此, 且道"學而時習之"以何者爲學?' 某茫然不知所對. 仲脩徐曰 : '所謂學者, 非記問誦說之謂, 非絺章繪句之謂, 所以學聖人也. 旣欲學聖人, 自無作輟. 出入起居之時, 學也. 飮食游觀之時, 學也. 疾病死生之時, 亦學也. 人須是識得"造次必於時, 顚沛必於時". "立則見其參於前, 在輿則見其倚於衡也", 方可以學聖人.' 某聞其言, 頓若有悟."

② 有朋自遠方來, 不亦樂乎.

이본 고찰[考異]

○ 육덕명(陸德明) 『논어석문』(論語釋文) : '유'(有)를 혹 '우'(友)라 쓰기도 하는데 틀렸다.

○ 『백호통』(白虎通) 「벽옹」(辟雍)에 『논어』를 인용해 '붕우자원방래'(朋友自遠方來)라고 했다.

○ 완원(阮元)의 『논어교감기』(論語校勘記) : 정강성(鄭康成)은 이 말에 "같은 스승과 함께하는 사이[同門]를 붕(朋), 뜻을 같이하는 사이[同志]를 우(友)라 한다"라고 주를 붙였다. 이는 구본(舊本)은 모두 '우'(友) 자로 썼다는 말이다.

○ 장용(臧庸)의 『배경일기』(拜經日記) : 『백호통』 「벽옹」에, "스승·제자의 도에는 세 가지가 있다. 『논어』에 이르길, '붕우자원방래'(朋友自遠方來)라고 했는데 붕우의 도[朋友之道]를 말한다"라고 했다. 또 『역』(易) 건(蹇)괘 『주역정의』(周

易正義), 『주례』(周禮) 「사간」(司諫) 소(疏)는 모두 정강성의 이 주를 인용해 "동문(同門)을 붕(朋)이라 하고 동지(同志)를 우(友)라 한다"고 했다. 고찰해 보건대 『백호통』을 찬한 반고(班固)의 인용은 대부분 노론(魯論)이고 포함과 정현이 주석한 책도 또한 노론이다. 그렇다면 노론의 구본(舊本)은 '붕우자원방래'(朋友自遠方來)로 썼고, 육덕명이 본 판본도 '유'(有)를 '우'(友)라고 썼으니 반고·정현 등과 정확히 부합한다. 다만 '우'(友) 자는 당연히 '붕'(朋) 아래에 있어야 한다. 하안(何晏)이 '유붕'(有朋)이라 쓴 것은 어디에 근거를 둔 것인지 모르겠다. 채록한 포함의 주(注) 원본에는 당연히 "동지(同志)를 우(友)라 한다"는 한 구절이 있는데 경전 문구를 따라 '유'(有)라 썼다. 구절을 적절하게 맞췄기 때문이다.

○ 홍이훤(洪頤煊) 『독서총록』(讀書叢錄) : 『문선』(文選)에 수록된 육기(陸機)의 「만가」(挽歌)에 '우붕자원방'(友朋自遠方)이라 했는데 이선(李善)의 주(注)에서 『논어』를 인용해 증거로 삼은 것을 근거로, '유'(有)는 '우'(友)로 써야 한다고 했다.

○ 무억(武億)의 『군경의증』(羣經義證) : 『이아』 「석명」에, "우(友)는 가졌다[有]는 말로 서로 보유한다는 뜻이다"라고 했다. 우(友)·유(有)는 같이 쓰는 글자로 혹 '우'(友)라 쓰기도 하는데 예로부터 전해 온 판본과 부합하므로 잘못이라 하는 것은 옳지 않다.

○ 노문초(盧文弨)의 『석문고증』(釋文考證) : 『여씨춘추』(呂氏春秋) 「귀직」(貴直) 편에, '유인자원방래'(有人自遠方來)라는 기록이 보이는데 구법(句法)이 아주 비슷하다. 육덕명이 "'우'(友)라 쓴 것은 옳지 않다"라고 한 말은 옳다.

○ 생각해 보건대[按] : 마국한(馬國翰)의 『옥함산방집일서』(玉函山房輯佚書) 「논어류」(論語類)에 이르길, "포함은 노론으로 작업하면서 '유붕'(有朋)이라 했고, 『주역』(周易) 건(蹇)괘에 『주역정의』(周易正義)는 정현(鄭玄)의 주(注)를 인용해 모두 '붕우'(朋友)라고 풀이했다"고 했다. 육덕명은 『논어석문』에, "정현은 주(周) 씨의 판본을 교정하면서 제론(齊論)·고론(古論)으로 읽어 바로잡은 항목이 모두 50개다"라고 했다. 모두 노론과는 다르다면서 고론을 따랐다고 말하지 않는 것은 제론·고론이 같기 때문이다. 그렇다면 '유붕'(有朋)이라 쓴 것은 노론이고 '붕우'(朋友)라고 쓴 것은 제론·고론이다.

有朋自遠方來, 不亦樂乎.

【考異】 陸德明『論語釋文』: "'有', 或作'友'", 非.

『白虎通』「辟雍」篇引論語曰 : "朋友自遠方來."

阮元『論語校勘記』: 鄭氏康成注此云 : "同門曰朋, 同志曰友." 是舊本皆作"友"字.

臧庸『拜經日記』: 『白虎通』「辟雍」篇 : "師弟子之道有三 : 論語曰 : '朋友自遠方來', 朋友之道也." 又『易』蹇『正義』·『周禮』「司諫」

疏並引鄭康成此注云：“同門曰朋, 同志曰友.” 考班孟堅引用多爲魯論, 包鄭所注亦魯論, 然則魯論舊本作“朋友自遠方來”, 陸氏所見本“有”作“友”, 正與班鄭等合. 特“友”字當在“朋”下, 何晏作“有朋”未知所據. 所採包注原本當亦有“同志曰友”一句, 因經作“有”, 故節之.

洪頤煊『讀書叢錄』據『文選』陸機挽歌“友朋自遠方”李善注引『論語』爲證, 謂“有”當作“友”.

武億『羣經義證』:「釋名」:“友, 有也, 相保有也.” 友·有同用, 或作“友”, 與古傳本合, 未可云非.

盧文弨『釋文考證』:『呂氏春秋』「貴直」篇“有人自遠方來”, 句法極相似, 陸氏謂“作‘友’非”是也.

按：馬國翰『玉函山房輯佚書』「論語類」謂包爲魯論, 作“有朋”, 『周易』蹇『正義』引鄭玄注並解“朋友”. 陸德明『釋文』云：“鄭校周之本, 以齊·古讀正凡五十事.” 凡與魯異而不言從古者, 齊·古同也. 然則作“有朋”者, 魯論也. 作“朋友”者, 齊·古論也.

고증

○ 송상봉(宋翔鳳)의 『박학재찰기』(樸學齋札記) : 『사기』(史記) 「공자세가」(孔子世家)에, “정공(定公) 5년, 노나라는 대부(大夫)부터 그 아래로 모두 분수를 넘어 정도(正道)에서 벗어났다. 때문에 공자는 벼슬하지 않고 물러나 시서예악(詩書禮

樂)을 가다듬었다. 제자들이 더욱 많아져 먼 곳에서 와 수업을 받는 정도에까지 이르렀다"고 했다. 제자들이 먼 곳에서 오는 지경에 이르렀다는 말이 '유붕자원방래'(有朋自遠方來)다. '붕'(朋)은 제자들을 가리킨다. 그러므로 『백호통』「벽옹」편에, "스승·제자 사이의 도리에는 세 가지가 있다. 『논어』에 '유붕자원방래'(有朋自遠方來)라고 한 것은 붕우 간의 도리다." 또 『맹자』에, "자탁유자(子濯孺子)가 '그가 사귄 벗[取友]은 반드시 단정할 것이다'"라고 말했는데 이때의 벗[友]은 제자를 가리킨다.

○ 모기령(毛奇齡)의 『논어계구편』(論語稽求篇) : "동문(同門)을 붕(朋)이라 한다." 이는 고주(古注)다. 『설문해자』에서 시주(詩注)·좌전주(左傳注)·공양전주(公羊傳注)까지 다 그러하다. 『주례』(周禮) 「대사도」(大司徒)에 정현의 주(注)는 "같은 스승을 모신 사람들[同師]을 붕(朋)이라 한다"라 했으니 동문(同門)이라 해야 마땅한 해석과는 같지 않다. 대체로 붕(朋)은 문호(門戶)를 말한다. 붕당(朋黨)이라 하고 붕비(朋比)라고 하는데 비(比)는 향비(鄕比)이고 당(黨)은 향숙(鄕塾)이다. 모두 마을 문 곁에 학동들이 거처하는 곳의 이름들이다. 그러므로 붕(朋)은 동문(同門)이다. 이것이 자의(字義)의 근본으로 바꿀 수 없다. 대개 배움의 수준과 차례는 마을 학교[黨庠]에서 공부를 익힌 다음 서로 헤어지고 다시 학교에서 모이는데, 서로

즐거워한다고 할 정도까지 된다. 『예기』 「학기」에 "수업을 공경하면서도 벗과 사귀는 것을 즐거워한다"[敬業樂羣]고 말하는 것과 「단궁」에 "벗과 사귀는 데서 떨어져 외롭게 혼자 지낸다"[離群索居]는 말은 바로 비교해 볼 만하다. 헤어지는 것을 괴로움으로 여긴다면 반드시 다시 만나는 일은 즐겁기 마련이다.

○ 반유성(潘維城)의 『논어고주집전』(論語古注集箋, 이하 『반씨집전』潘氏集箋이라 약칭한다) : '붕'(朋)은 『설문해자』에 고문(古文)의 '봉'(鳳)이라 설명하면서, "봉(鳳)이 날자 새 무리 수만이 따른다. 그러므로 붕당(朋黨)이란 글자를 만들었다"고 하였다.

○ 유보남의 『논어정의』(論語正義) : 자원방래(自遠方來)는, 『광아』(廣雅) 「석고」(釋詁)에 "자(自)는 '~로부터'라는 말이다", 『이아』(爾雅) 「석고」(釋詁)에 "원(遠)은 멀다[遐]는 말이다", 『회남자』(淮南子) 「병략훈」(兵略訓)에 "방(方)은 땅[地]이다", 『예기』(禮記) 「표기」(表記)의 주(注)에 "방(方)은 사방(四方)이다"라고 했다. 『이아』 「석고」에 "래(來)는 온다/이른다는 말이다"라고 했는데 또한 통상적인 풀이다. 『예기』 「학기」에 이르기를, "학문이 대성(大成)에 이르러야 백성을 교화하고 풍속을 바꿀 수 있다. 가까운 사람은 기뻐하며 복종하고 먼 곳의 사람은 그리워하니 이것이 대학의 도다"라고 했다. 그렇

다면 벗이 오는 것은 바로 학문이 완성됐다는 증거다.

'불역락호'(不亦樂乎)는, 『창힐편』(蒼頡篇)에 "락(樂)은 기뻐하는 것이다"라고 했다. '열'(說)과 같은 뜻이다. 『역』(易) 상전(象傳)에, "연못이 이어져 있으니[이택麗澤] 태(兌=悅)괘이다. 군자는 이것을 보고서 붕우와 함께 모여 공부하며 익힌다"라 했는데 '태'(兌)는 '열'(說)이다. 『예기』「중용」에, "성(誠)은 스스로 자기를 완성하는 데 그치는 게 아니라 남을 완성해 주는 것이기도 하다"[誠者, 非自成己而已也, 所以成物也]라고 했는데 이 글의 '시습'(時習)이 "자신을 완성하는 것"[成己]이며 '붕래'(朋來)가 "남을 이루어 주는 것"[成物]이다. 다만 '성물'(成物) 또한 '성기'(成己)에서 유래하기 때문에, 자신에게 체현되는 공부를 잘 하고 난 뒤에 또 '가르치며 배워 서로 성장하는'[教學相長] 이익을 얻었기에 많은 인재가 찾아와 즐겁게 되는 것이다. 맹자는 "천하의 영재를 얻어 교육하는 것"을 즐거움으로 삼았는데 또한 이 뜻이다.

【考證】 宋翔鳳『樸學齋札記』:『史記』「孔子世家」:"定公五年, 魯自大夫以下, 皆僭離於正道, 故孔子不仕, 退而修詩書禮樂, 弟子彌衆, 至自遠方, 莫不受業焉." 弟子至自遠方, 卽"有朋自遠方來"也. "朋"卽指弟子, 故『白虎通』「辟雍」篇云:"師弟子之道有三, 『論語』曰'有朋自遠方來', 朋友之道也." 又『孟子』:"子濯孺子曰:'其取友必端矣'", 亦指友爲弟子.

毛奇齡『論語稽求篇』:“同門曰朋.” 此是古注, 自『說文』及詩注·左傳注·公羊傳注皆然. 『周禮』「大司徒」鄭注“同師曰朋”, 便不如同門之當. 蓋朋是門戶之名, 凡曰朋黨, 曰朋比, 比是鄕比, 黨是鄕塾, 皆里門閭戶學僮居處名色. 故朋爲同門, 此是字義本爾, 不可易也. 大抵學中境次, 從黨庠肄習之後, 旣已分開, 又復來合, 致足娛樂. 與「學記」所云“敬業樂羣”, 「檀弓」所云“離群索居”, 正可比觀. 蓋以離爲苦, 則必以合爲樂也.

潘維城『論語古注集箋』(下簡稱潘氏集箋):“朋”, 『說文』以爲古文“鳳”, 云:“鳳飛, 群鳥從以萬數, 故以爲朋黨字.”

『劉氏正義』:“自遠方來”者, 『廣雅』「釋詁」:“自, 從也.” 『爾雅』「釋詁」:“遠, 遐也.” 『淮南』「兵略訓」:“方者, 地也.” 『禮』「表記注」:“方, 四方也.” 『爾雅』「釋詁」:“來, 至也.” 亦常訓. 「學記」言學至大成, “足以化民易俗, 近者說服, 而遠者懷之, 此大學之道,” 然則朋來, 正是學成之驗. “不亦樂乎”者, 『蒼頡篇』:“樂, 喜也.” 與“說”義同. 『易』「象傳」:“麗澤, 兌. 君子以朋友講習.” “兌”者, 說也. 『禮』「中庸」云:“誠者, 非自成己而已也, 所以成物也.” 此文“時習”是“成己”, “朋來”是“成物”. 但“成物”亦由“成己”, 旣以驗己之功修, 又以得教學相長之益, 人才造就之多, 所以樂也. 孟子以“得天下英才而教育之”爲樂, 亦此意.

하안, 『논어집해』

○ 포함(包咸)이 말했다. "동문(同門)을 붕(朋)이라 한다."

○ 생각해 보건대[按] : 포함은 자(字)가 자량(子良)으로 회계(會稽) 곡아(曲阿) 사람이다. 어려서 학식 있는 선비가 되어 노시(魯詩)·『논어』에 능했다. 효렴(孝廉)으로 천거되어 낭중(郎中) 벼슬을 받았다. 건무(建武) 연간에는 궁중에 들어가 황태자에게 『논어』를 가르쳤고 또 『논어』의 장구(章句)를 나누었다. 간의대부(諫議大夫)가 되었고 5년 뒤 대홍로(大鴻臚)로 자리를 옮겼다. 그의 사적은 『후한서』(後漢書) 「유림전」(儒林傳)에 자세하다. 황간의 『의소』(義疏)에는 '포함'(苞咸)으로 썼는데 '포'(苞)·'포'(包) 두 글자는 옛날에 통용했다. 『후한서』에 쓴 것에 의거해 '포'(包)로 써야 한다. 하안은 『논어집해』에서 "안창후(安昌侯) 장우(張禹)는 본래 노론(魯論)을 전수받았는데 제론(齊論)도 아울러 연구해 좋은 것을 따랐다. 이를 『장후론』(張侯論)이라 하는데 세상에서 귀하게 여겼다. 이어 포함과 주씨(周氏)의 장구(章句)가 나오게 되었다"라고 했다. 그렇다면 포함이 나눈 장구는 장우(張禹)의 설을 쓴 것으로 보이는데 안타깝게도 책 전체를 잃은 지 오래되어 『수서』(隋書)·『당서』(唐書)의 기록에도 모두 목록에 올라 있지 않다. 지금은 『옥함산방집일서』(玉函山房輯佚書) 가운데 집본 2권이 있을 뿐이다. (여기 주注에, 『문선』文選의 <고시19수>古詩十九首에 대

해 이선李善이 주注를 내면서 정현의 주를 인용해 썼는데 누가 옳은지 모르겠다.)

【集解】包咸曰 : “同門曰朋.”

按 : 咸字子良, 會稽曲阿人. 少爲諸生, 倡魯詩·『論語』. 擧孝廉, 除郞中. 建武中, 入授皇太子『論語』, 又爲其章句. 拜諫議大夫, 五年, 遷大鴻臚. 事蹟詳『後漢書』「儒林傳」. 『皇疏』作“苞咸”, “苞”·“包”二字古通, 當依『漢書』傳作“包”. 何晏『論語集解』云 : “安昌侯張禹本受魯論, 並講齊說. 善者從之, 號曰‘張侯論’, 爲世所貴, 包氏周氏章句出焉.” 然則包氏所爲章句, 蓋用禹說. 惜全書久佚, 隋·唐志皆不及著目, 今惟『玉函山房輯佚書』中有輯本二卷. (此注『文選』「古詩十九首」李善注引作鄭注, 未知孰是.)

당(唐) 이전 고주(古注)

황간의 『의소』(義疏)에 강희(江熙)를 인용해 말했다 : 군자가 붕우와 공부하고 익히면서 하는 말이 선하면 천리 밖에서도 호응한다. 먼 곳의 사람도 찾아오는데 하물며 가까운 사람은 어떻겠는가. 도가 똑같고 그 맛을 함께 나누며 즐겁게 소원대로 이룰 수 있다. 이 때문에 기쁜 것이다.

○ 생각해 보건대[按] : 『수서』(隋書) 「경적지」(經籍志)에 『집해논어』(集解論語), 강희 찬(撰)이 있으며 『당서』(唐書) 「예문지」(藝文志)에 강희 『집해』(集解)라고 해서, 모두 10권이라

했다. 강희는 『진서』(晉書)에 전(傳)이 없다. 『책부원귀』(冊府元龜)에 의거하면, 그의 자(字)는 태화(太和) 연간에 연주별가(兗州別駕)를 지냈다는 것을 알 수 있으나 그 밖의 것은 상고할 수 없다. 황간의 『의소』 서문에는, 강희가 모은 『논어』 주석가는 모두 13가(家)로 여러 설을 모아 책을 만들었기 때문에 『집해』라고 이름을 지었다고 했다. 형병의 『주소』에는 두 구절을 인용했는데 이를 통해 송나라 초까지 이 책이 아직 존재했음을 알 수 있다. 지금은 사라졌다. 『옥함산방집일서』에 집본 2권이 있다. 이것을 보면 진(晉)나라 한 시대의 『논어』를 설명한 설이 존재했고 그 동이(同異)와 잘잘못이 이 책에 대략 갖춰져 있었음을 알 수 있다.

【唐以前古注】『皇疏』引江熙云：君子以朋友講習, 出其言善, 則千里之外應之. 遠人且至, 況其近者乎? 道同齊味, 歡然適願, 所以樂也.

按：『隋書』「經籍志」有『集解論語』, 江熙撰. 『唐書』「藝文志」江熙『集解』, 並云十卷. 熙『晉書』無傳. 據『冊府元龜』, 知其字太和, 爲兗州別駕. 他無可考. 『皇疏』序稱熙所集『論語』凡十三家, 取衆說以成書, 故以『集解』爲名. 邢昺『疏』引二節, 知此書宋初尙存, 今佚. 『玉函山房』有輯本二卷. 觀此則有晉一代之說論語, 其同異得失略備於茲矣.

주희, 『논어집주』

붕(朋)은 자기와 동류다. 먼 곳에서 온다면 가까운 곳에 있는 사람들은 어떠할지 알 수 있다.

정자가 말했다. "자신의 선함이 남에게 영향을 미치면 믿고 따르는 사람이 많다. 그러므로 즐거울 수 있다." 또 말했다. "열(說)이라는 기쁨은 마음속에 있는 것이고 낙(樂)이란 즐거움은 주로 밖으로 드러나 발산하는 것이다."

【集注】 朋, 同類也. 自遠方來, 則近者可知. 程子曰 : "以善及人而信從者衆, 故可樂." 又曰 : "說在心, 樂主發散在外."

다른 풀이[別解]

○ 유월(兪樾)의 『군경평의』(羣經平議) : 육덕명의 『논어석문』에 "'유'(有)를 혹 '우'(友)로 쓰기도 한다"라고 했는데 완원은 논어 『교감기』(校勘記)에서 『백호통』 「벽옹」 편에 의거해 이 문장을 인용하면서 '붕우자원방래'(朋友自遠方來)라고 썼다. 홍이훤(洪頤煊)의 『독서총록』(讀書叢錄)은 또 『문선』에 실린 육기(陸機)의 「만가」(挽歌)에 '우붕자원래'(友朋自遠來)라는 구절을 인용해 구본은 '우'(友) 자였음을 증명했다. 지금 생각해 보건대 『설문해자』 방부(方部)에, "방(方)은 배가 나란히 있는 모습이다. 나란히 있는 배 두 척의 뱃머리를 묶은 것을 생략한 모양의 글자다"라고 했다. 그러므로 방(方)에는 '나

란하다'[並]는 뜻이 있다. 『회남자』(淮南子) 「범론」(氾論) 편에, "속을 판 나무와 판자를 나란히 해서"[乃爲窬木方版]라고 했는데 고유(高誘)는 이 글의 주(注)에, "방(方)은 나란히 한다[並]는 말이다"라고 했다. 『상서』(尙書) 「미자」(微子) 편에, "백성이 함께 일어선다"[小民方興]라고 했는데 『사기』(史記) 「송세가」(宋世家)에는 '병흥'(並興)이라 썼다. 이는 '방'(方)·'병'(並)이 같은 뜻이기 때문이다. '우붕자원방래'(友朋自遠方來)는 '우붕자원병래'(友朋自遠並來)와 같은 말로, 우(友)라 하고 붕(朋)이라 했으니 한 사람이 아닌 게 명백하다. 그러므로 병래(並來)라고 한 것이다. 그렇다면 '유'(有)는 당연히 '우'(友)로 써야 한다. 본문을 깊이 생각해 보면 알 수 있다. 지금 학자들은 '원방'(遠方) 두 글자가 이어진 문장으로 잘못 알고 있는데 옳지 않다. 무릇 경(經)에서 말하는 '방래'(方來)는 『주역』(周易)의 비(比)괘에, "편치 않아하는 무리들도 나란히 와"[不寧方來], 『상서』(尙書) 「재재」(梓材)에, "형제가 되어 나란히 온다"[兄弟方來]라고 쓴 것처럼 뜻이 모두 같다.

【別解】 兪樾『羣經平議』:『釋文』: "'有', 或作'友'." 阮氏『校勘記』據『白虎通』「辟雍」篇引此文作"朋友自遠方來", 洪氏頤煊『讀書叢錄』又引『文選』陸機挽歌"友朋自遠來"證舊本是"友"字. 今按『說文』方部: "方, 併船也. 象兩舟省總頭形." 故方卽有並義. 『淮南』「氾論」篇曰: "乃爲窬木方版", 高誘注曰: "方, 並也." 『尙書』「微子」篇曰："小民方興."『史記』「宋世家」作"並興", 是"方"·"並"同義. 友朋自遠方來, 猶云友朋自遠並來. 曰友曰朋, 明非一人, 故曰並來. 然則"有"之當作"友", 尋繹本文卽可見矣. 今學者誤以"遠方"二字連文, 非是. 凡經言"方來"者, 如『周易』"不寧方來", 『尙書』作"兄弟方來", 義皆同.

그 밖의 논의[餘論]

○ 유봉록(劉逢祿)의 『논어술하』(論語述何) : 『역』(易) 「계사전」(繫辭傳) 상(上)에, "군자는 자기 집에 머물면서 하는 말이 선하면 천리 밖에서도 호응한다. 하물며 가까운 사람은 어떻겠는가"라 하였고, 『예기』 「학기」에, "혼자 공부하면서 벗이 없으면 고루해지고 듣는 게 적다"고 했다. 천하의 훌륭한 선비를 사귀기 때문에 기쁜 것이다.

○ 완원(阮元)의 『연경실집』(揅經室集) : 이 장은 공자가 사람에게 가르침을 준 말로 평생 학문과 행동의 시말(始末)이다. 그러므로 배움은 반드시 외우기와 실행을 겸해야 그 뜻이 완전해진다. 주(注)에서는 습(習)을 외워 익힌다[誦習]로 보았는데 잘못됐다. 붕자원래(朋自遠來)는 공자가 사(師)와 유(儒)를 겸했음을 말한다. 『주례』(周禮) 「사도」(司徒)에 사(師)는 덕행으로 백성을 가르치고 유(儒)는 육예(六藝)로 백성을 가르친다고 했다. 각 나라의 배우는 사람들이 모두 와서 따라 배

우는 것이다. 학이시습(學而時習) 하면 벗이 찾아오지 않는 일은 없다. 성인의 도가 세상에 쓰이지 않으므로 [도를] 믿고서 천하 후세에 전해 주는 사람이 바로 벗이다.

○ 반유성(潘維城)의 『논어고의집전』(論語古注集箋) : 『사기』 「공자세가」에, "정공(定公) 5년, 노(魯)나라는 대부(大夫)부터 그 아래로 모두 분수를 넘어 정도(正道)에서 벗어났다. 때문에 공자는 벼슬하지 않고 물러나 시서예악(詩書禮樂)을 가다듬었다. 제자들이 더욱 많아져 먼 곳에서 와 수업을 받는 정도에까지 이르렀다"고 한 말이 '유붕자원방래'(有朋自遠方來)라는 말이다.

○ 생각해 보건대[按] : 완원과 반유성은 이 장을 공자 자신에 대한 말이라고 설명을 붙였지만 독창적인 의견이긴 하나 특별한 해석은 아니다. 때문에 '그 밖의 논의' 가운데 넣었다.

【餘論】『論語述何』: 『易』曰 : "君子居其室, 出其言善, 則千里之外應之, 況其邇者乎." 「記」曰 : "獨學而無友, 則孤陋而寡聞." 友天下之善士故樂.

阮元『揅經室集』: 此章乃孔子教人語, 卽生平學行始末也. 故學必兼誦行, 其義乃全. 注以習爲送習, 失之. 朋自遠來者, 孔子道兼師儒. 『周禮』「司徒」師以德行教民, 儒以六藝教民. 各國學者皆來從學也. 蓋學而時習, 未有不朋來. 聖人之道不見用於世, 所恃以傳於天下後世者, 朋也.

潘氏『集箋』:『史記』「孔子世家」:"定公五年, 魯自大夫以下, 皆僭離於正道, 故孔子不仕, 退而修詩書禮樂, 弟子彌衆, 至自遠方, 莫不受業焉."卽"有朋自遠方來"也.

按:阮元·潘氏以此章貼孔子自身說, 雖係創論, 但非別解, 故入之餘論中.

③ 人不知而不慍, 不亦君子乎.

고증

『예기』「애공문」(哀公問)에, "군자라는 말은 인간이 완성됐음을 뜻하는 이름이다"라고 했다.

『백호통』「호」(號) 편에, "군자라 부르기도 하는 것은 도덕(道德)을 지녔음을 말한다. 군(君)이라는 말은 무리[羣]를 말한다. 자(子)는 남자 어른에 대한 통칭이다"라고 했다.

人不知而不慍, 不亦君子乎."

【考證】『禮』「哀公問」:"君子也者, 人之成名也."『白虎通』「號」篇:"或稱君子者, 道德之稱也. 君之爲言羣也. 子者, 丈夫之通稱也."

하안, 『논어집해』

온(慍)은 '성내다'이다. 사람들이 몰라주는 일이 있어도 군자는 성내지 않는다. (통상 누구의 의견인지 싣지 않은 것은 모두 하안의 말이다. 이하 이를 따른다.)

【集解】 慍, 怒也. 凡人有所不知, 君子不怒.(凡不載何人說者, 皆何晏之詞. 下倣此.)

당(唐) 이전 고주(古注)

○ 황간의 『의소』에는 이 절에 두 가지 해석이 있다. 하나는 "옛날 공부하는 사람은 자신을 위했다[爲己]. 선왕의 도를 이미 터득했으므로 아름다움을 품고 안으로 비춰 다른 사람이 보지 않아도 나는 성내지 않는다"이고, 다른 하나는 "군자는 일을 처리할 때 한 사람이 모두 다 갖추기를 구하지 않는다. 그러므로 도를 가르치면서 어떤 이가 근기(根機)가 아둔해서 이해하지 못한다면 군자는 그를 용서하고 성내지 않는다"이다. 또 이충(李充)을 인용해 말했다. "온(慍)은 성내는 것이다. 군자는 진심을 다하고 용서하며 사람을 가르치는 데 게으르지 않으니[君子忠恕, 誨人不倦] 무에 성낼 게 있겠는가. 무릇 배움이란 시습(時習)에서 시작해 중간에는 강의하고 익히며[講肄] 가르치는 것으로 끝나는 것임을 밝힌 것이다."

○ 생각해 보건대[按] : 『진서』(晉書) 「문원전」(文苑傳)에,

"이충은 자(字)가 굉도(宏度)로 강하(江夏) 사람이다. 벼슬은 저작랑(著作郎)을 지냈다"라 했고 『칠록』(七錄)에 이충의 『논어석』(論語釋) 1권이 실렸는데 수(隋)나라 때 이미 사라졌다. 『수서』(隋書) 「경적지」(經籍志)에 별도로 『논어』 10권, 진(晉) 저작랑(著作郎) 이충(李充) 주(注)라는 기록이 있고 『당서』(唐書) 「예문지」도 마찬가지로 똑같다. 그런데 『송사』(宋史) 「예문지」에는 실려 있지 않다. 지금은 사라졌다. 『옥함산방집일서』(玉函山房輯佚書)에 집본 2권이 있다. 이제 여기에 기록해 주석가의 한 사람으로 갖춰 둔다.

【唐以前古注】『皇疏』此有二釋 : 一云 : "古之學者爲己. 已得先王之道, 含章內映, 他人不見之而我不怒也." 一云 : "君子易事, 不求備於一人, 故爲教誨之道, 若有人鈍根不能知解者, 君子恕之而不慍怒也." 又引李充云 : "慍, 怒也. 君子忠恕, 誨人不倦, 何怒之有乎. 明夫學者, 始於時習, 中於講肄, 終於教授者也."

按 : 『晉書』「文苑傳」 : "充字宏度, 江夏人, 官著作郎." 『七錄』載充『論語釋』一卷, 至隋已亡. 『隋書』「經籍志」別有論語十卷, 晉著作郎李充注. 『唐書』「藝文志」並同. 而『宋史』「藝文志」不載, 今佚. 『玉函山房』有輯本二卷, 玆錄之以備一家.

주희, 『논어집주』

성낸다[慍]는 노기(怒氣)를 품었다는 뜻이다. 군자(君子)는 덕을 완성한 사람을 이른다.

윤씨(윤돈尹焞)가 말했다. "배움은 자신에게 달려 있고, 알아주는 것과 알아주지 않는 것은 남에게 달려 있으니 무에 성낼 게 있겠는가."

【集注】 慍, 含怒意. 君子, 成德之名. 尹氏曰 : "學在己, 知不知在人, 何慍之有."

다른 풀이[別解]

○ 왕형(王衡) 『논어박이』(論語駁異) : 명나라의 나근계(羅近溪)는 "배울수록 더 기뻐지는데 어떻게 싫증이 나겠는가. 가르칠수록 즐거운데 어떻게 게으름이 나겠는가. 그러므로 남이 자기를 알아주지 않는다고 성내지 않는 것은 바로 싫증 내지 않고 게으르지 않기 때문이다"라고 했다. 이 말이 좋다.

○ 초순(焦循)의 『논어보소』(論語補疏) : 주(注)에 "남이 모르는 게 있다"[人有所不知]라 한 것은 사람들 자신이 모른다는 말이지 나를 몰라준다는 말이 아니다. 나는 아는데 남들이 모른다고 이 때문에 화를 낸다면 자랑하는 마음을 가져서다. 『후한서』(後漢書) 「유림전」(儒林傳) 주(注)에 『위략』(魏略)을 인용한 글이 있다. 그 글에 "악상(樂詳)은 자(字)가 문재(文載)로 황초(黃初) 연간 초에 조정에서 벼슬을 내려 박사(博士)가 되었다. 이때 열 명 남짓 있었던 박사들은 배운 것이 대부

분 좁은 데다 다 숙성하지 못했는데 악상만이 오경을 제대로 가르쳤다. 혹 이해할 수 없는 난해한 질문에도 악상은 성내는 기색 없이 지팡이로 땅에 획을 그리고 비유를 끌어오고 유추를 가져와 침식을 잊을 정도였다"라고 했다.

○ 모기령(毛奇齡)의 『사서잉언』(四書賸言) : 『논어』의 '인부지이불온'(人不知而不慍)에 붙은 공안국의 소(疏)에는 원래 두 가지 뜻이 있다. 하나는 배운 걸 몰라준다는 것이고 하나는 나를 몰라준다는 것이다. 지금 사람들은 다만 뒤의 뜻만 알기에 본장에서 말한 학(學)의 뜻에 대해서는 오히려 절실하게 느끼지 않는 것 같다. 하평숙(何平叔)이, "무릇 사람들이 모르는 게 있더라도 군자는 성내지 않는다"[凡人有所不知, 君子不怒]라고 했는데, 여기서 말한 "모르는 게 있다"[有所不知]는 것은 배울 때 이해하지 못하는 게 있다는 말이다. "군자는 성내지 않는다"[君子不怒]는 것은 "군자는 일을 처리할 때 다 갖추기를 구하지 않는다"는 말과 같은 뜻이다. 독학(獨學)·공학(共學)이건 남에게 학(學)을 가르치건 모두 학(學) 가운데 일이다. 공자는 일생 동안 단지 배움에 싫증 내지 않고[學不厭] 가르침에 게을리하지 않았으니[敎不倦], 스스로 한 말도 이와 같았고(『논어』 「술이」述而의 '묵식'默識 절을 보라), 문하의 제자들에게도 이와 같이 말했고(『논어』 「술이」의 '공서화' 절을 보라), 후대 사람도 이와 같이 말했다(『맹자』孟子를 보라), 그러므로 첫

장은 이를 분명히 말한 것이다.

○ 생각해 보건대[按] : 이는 본래 이충(李充)의 설(說)인데 황간의 『의소』에 수록됐다. 하지만 실상 주희의 주가 가진 장점만 못하다. 유보남은 "가르치고 배우는 법은 말해 주어도 상대가 알지 못하면 버려 두어도 되니 받아들여지지 않아도 성내지 않는 것을 군자라 칭한다. 이 주(注)에서 말한 것은 경(經=『논어』)의 뜻과 호응하지 않는다"라고 했다.

【別解】 王衡『論語駁異』: 羅近溪謂"愈學而愈悅, 如何有厭 : 愈教而愈樂, 如何有倦. 故不慍人之不己者, 正以其不厭不倦處". 此却說得好.

『論語補疏』: 注言"人有所不知", 則是人自不知, 非不知己也. 我所知而人不知, 因而慍之, 矜也. 『後漢』「儒林傳」注引『魏略』云 : "樂詳字文載, 黃初中, 徵拜博士. 時有博士十餘人, 學多褊, 又不熟悉, 惟詳五業並授. 其或難質不解, 詳無慍色, 以杖畫地, 牽譬引類, 至忘寢食."

毛奇齡『四書賸言』: 『論語』"人不知而不慍", 孔疏原有二義 : 一是不知學, 一是不知我. 今人但知後說, 似于本章言學之意反未親切. 何平叔云 : "凡人有所不知, 君子不怒." 其云"有所不知"者, 言學有所不解也. "君子不怒"者, 猶言"君子易事, 不求備"也. 蓋獨學共學, 教人以學, 皆學中事. 夫子一生祇學不厭, 教不倦, 自言如此(見默識節), 門弟子言如此(見「公西華」節), 後人言如此(見『孟子』), 故首章卽以此發明之.

按 : 此本李充之說, 『皇疏』取之, 然實不如朱注之長. 劉寶楠云 : "敎學之法, 語之而不知, 雖舍之亦可, 無容以不慍卽稱君子. 此注所云, 不與經旨應也."

그 밖의 논의[餘論]

○ 『주자어류』(朱子語類) : "남들이 알아주지 않아도 성내지 않는다"는 그 자체가 충돌하지 않는 말이다. 이미 배우기를 시작한 초기라면 남이 알아주기를 구하지 않으며 이 단계에 이른 후에는 진정 남이 알아주길 구하지 않을 수 있다. 단련이 충분히 성숙하지 않으면 마음이 확실히 흔들리게 될 때가 있는데, 단련이 성숙한 경지에 이르게 되면 진정 남이 알아주지 않아도 성내지 않을 수 있다.

또 말씀하셨다. 불온(不慍)은 크게 성낸다[大怒]는 말이 아니다. 마음속에 약간 불평스런 뜻이 있는 것이 온(慍)이다. 터득한 것이 깊고 기른 것이 두터운 사람이 아니면 이와 같이 할 수 없다.

○ 녹선계(鹿善繼)의 『사서설약』(四書說約) : 기뻐하고 즐거워하며 성내지 않는 것은 이전에 남이 알아주지 않아도 안을 살펴 허물이 없는 공부가 없었다면 어떻게 이와 같이 진실하고 간절하며 이와 같이 초탈할 수 있겠는가. 이 장은 공자

가 자신의 생동하는 면모를 묘사한 것으로 전적으로 시습(時習)을 중시한 것이다. 본심은 어둡게 하기 쉽지 않아 도를 수행하고 지키는 일을 모르지 않지만 생각을 돌리기만 해도 쉽게 어그러지고 배우더라도 쉽게 싫증 낸다. 시습(時習)하면 공부에 질문이 없어지고 본래의 모습이 넘쳐흐르며 깊은 경지를 스스로 터득해 그만두려 해도 그만둘 수 없으니 그 기쁨을 알 만하다.

○ 장이상(張履祥)의 『비망록』(備忘錄) : 주자는 "알아주지 않아도 성내지 않는 것은 본성에 거스르고 어려운 일이다"라고 했다. 알아주지 않는 것이 어찌 다만 남에게 소홀히 여겨지고 쉽게 보이는 것뿐이겠는가. 심한 경우 천하게 여기고 모욕하며 허물하고 꾸짖으며 원망하고 미워하며 하지 않는 행동이 없다. 순임금은 집안에서, 문왕은 조정에서, 공자·맹자는 춘추전국시대에, 한 시대의 부자며 형제, 군신과 붕우조차 그 누가 그들을 알아주었는가. 당시에도 이들은 성내지 않았으니 매우 어려운 일이 어찌 아니겠는가. 덕이 크지 않으면 어찌 이를 실천하며 태연할 수 있겠는가.

○ 하의문(何義門)의 『독서기』(讀書記) : 이 구절은 『중용』(中庸)의 "세상을 떠나 누가 알아주지 않아도 후회하지 않는다"[遯世不見知而不悔]와 같은 뜻이지 세상에 쓰이지 않음을 말한 게 아니다. 이 구절은 위에서 말한 즐겁다[說]·기뻐하다

[樂] 두 글자와 대구가 된다. 때문에 불온(不慍)이라 했다. 『중용』에서도 위 구절 "길을 가다 그만두다"[半途而廢]와 대구가 된다. 때문에 불회(不悔)라고 했다.

○ 완원(阮元)의 『연경실집』(揅經室集) : "남이 알아주지 않는다"[人不知]는 말은 세상의 천자·제후가 모두 공자를 알아주지 않아 도가 실행되지 않는 것이다. '불온'(不慍)은 지위가 없음을 걱정하지 않는다는 뜻이다. 학문[學]은 공자에게 달렸고 지위는 천명(天命)에 달렸으니 천명이 지위를 주지 않았다면 세상 사람들은 전혀 모를 수밖에 없다. 이러한데 무에 성낼 게 있겠는가. 공자가 "50세에 천명을 알았다"고 한 것은 이를 말한다. 이 장의 세 구절은 모두 공자 일생의 사실이다. 때문에 제자들이 의논해 글을 엮을 때 이것을 20편의 머리에 얹은 것이다. 20편의 마지막에, "명(命)을 알지 못하면 군자가 될 수 없다"고 했다. 이 구절과 함께 처음과 끝에서 서로 호응한다.

【餘論】『朱子語類』: 人不知而不慍, 自是不相干涉. 己爲學之初, 便是不要人知, 至此而後眞能不要人知爾. 若煅煉未能得十分成熟, 心固有時被其所動, 及到此方眞能人不我知而不慍也. 又曰 : 不慍不是大怒, 心中略有不平之意便是慍. 此非得之深·養之厚者不能如此. 鹿善繼『四書說約』: 說樂不慍, 向非於人所不見之地有內省不疚之功, 何以如此眞切, 如此超脫? 此章孔子自寫生面, 全重時習. 蓋本心難昧, 未嘗不知修持, 祗轉念易乖, 學而易厭. 時習則功夫無間, 本體流行, 深造自得, 欲罷不能, 說可知矣.

張履詳『備忘錄』: 朱子謂"不知而不慍者逆而難", 不知豈特爲人忽易而已, 甚者賤辱之, 咎責之, 怨惡之, 無所不至. 舜之於家, 文王於朝, 孔孟於春秋戰國之世, 一時父子兄弟君臣朋友其孰能知之. 當時而能不慍, 豈非甚難. 非甚盛德, 何以履之而泰然乎.

何義門『讀書記』: 此與『中庸』"遯世不見知而不悔"同意, 非謂世無見用者也. 此對上說·樂二字, 故云不慍. 『中庸』對上"半途而廢", 故云不悔.

『揅經室集』: "人不知"者, 世之天子諸侯皆不知孔子, 而道不行也. "不慍"者, 不患無位也. 學在孔子, 位在天命. 天命旣無位, 則世人必不知矣, 此何慍之有乎. 孔子曰"五十而知天命"者, 此也. 此章三節皆孔子一生事實, 故弟子論撰之時, 以此冠二十篇之首也. 二十篇之終曰"不知命, 無以爲君子", 與此始終相應也.

명확히 뜻을 밝히다[發明]

○ 양청원(梁淸遠)의 『채영록』(采榮錄) : 『논어』라는 한 책은 제일 먼저 '배움'[學]을 말하면서 '기쁘다'[說]라고 하고 나서 즐겁다[樂]라 했고 군자(君子)라 했다. 이는 성인이 사람들을 가장 잘 유인한 곳으로 사람들이 모두 배우기를 꺼리고 그 괴로움을 두려워하는 줄 알았기 때문이다. 이에 마음이 펼쳐지

고 최적의 상태인 것으로 고무시켜 가장 아름다운 명성으로 움직이게 해 사람들이 기뻐하고 선망하는 뜻을 갖도록 만들어 공부에 힘쓰지 않을 수 없도록 한 것이다. 이것이 성인이 만세의 스승이 되는 까닭이다.

【發明】 梁清遠『采榮錄』:『論語』一書, 首言爲學, 卽曰說, 曰樂, 曰君子. 此聖人最善誘人處, 蓋知人皆憚於學而畏其苦也. 是以鼓之以心意之暢適, 動之以至美之嘉名, 令人有欣羡之意, 而不得不勉力於此也. 此聖人所以爲萬世師.

주석 읽기 II

『논어』, 「위령공」(衛靈公) 40장

子曰：辭達而已矣
자 왈　사 달 이 이 의

선생님께서 말씀하셨다. "말은 뜻을 전달할 뿐이다."

주희, 『논어집주』

子曰 : 辭達而已矣.

말은 뜻을 전달하는 것을 취하는 데서 그쳐야지 풍부하고 화려한 것을 뛰어나다고 여기지 않는다.

辭取達意而止, 不以富麗爲工.

유보남, 『논어정의』

子曰 : 辭達而已矣.

주(注)

공안국은 말했다. "무릇 일이란 실상을 넘어서는 안 된다. 말은 뜻을 전달하면 족하지 아름다운 말로 번다하게 하지 않는다."[凡事莫過於實, 辭達則足矣, 不煩文豔之辭.]

○ 주(注)의 '범사'(凡事)에서 '지사'(之辭)까지.

○ 『정의』(正義)는 말한다. 말[辭]은 모두 일을 말하는 것이고 일은 자체로 실상을 갖는다. 번거롭게 문장이 아름답도록 꾸며 실상을 넘어가지 않도록 해야 한다. 그러므로 말은 뜻을 전달하면 족한 것을 귀하게 여긴다. 『의례』(儀禮) 「빙례기」(聘禮記)에, "사(辭)는 정해진 법도가 없으니 공손하고 온화해야 한다. 사(辭)가 많으면 간책(簡策)에 쓰는 축문(祝文)이 되고 사가 적으면 뜻이 전달되지 않는다. 사(辭)는 진실로

충분히 전달할 수 있으니 뜻이 지극해야 한다"라고 했다. 이는 말[辭]은 많은 것을 귀하게 여기지 않으며 또한 적은 것을 귀하게 여기지 않으니 모두 뜻을 전달하는 것을 취하는 데서 그친다. 전대흔(錢大昕)은 『잠연당문집』(潛研堂文集)에, "「빙례기」에 의거해 이 문장을 풀면 『논어』 역시 이 말을 사신이 외국에 빙문(聘問)할 때의 사(辭)로 본 것인데 그렇다면 주(注)에서 '범사'(凡事)를 말해 일반적인 것으로 해석한 것과는 다르다"라고 했다.*

子曰：辭達而已矣.【注】孔曰："凡事莫過於實, 辭達則足矣, 不煩文豔之辭."

注"凡事"至"之辭". ○『正義』曰：辭皆言事, 而事自有實, 不煩文豔以過於實, 故但貴辭達則足也. 『儀禮』「聘禮記」："辭無常, 孫而說, 辭多則史, 少則不達. 辭苟足以達, 義之至也." 是辭不貴多, 亦不貴少, 皆取達意而止. 錢氏大昕『潛研堂文集』："據聘記解此文, 以爲『論語』亦是聘辭, 則不若此注言'凡事'得兼舉也."

---

* 「빙례기」(聘禮記)에서 말하는 사(辭)는 외교 사신으로 가는 신하가 공식문서 명(命) 외에 외교활동에서 주고받는 언사(言辭)라는 뜻이다. 다산의 『논어고금주』 주석에 자세하다.

청수더, 『논어집석』

子曰 : 辭達而已矣.

하안, 『논어집해』

공안국은 말했다. "무릇 일이란 실상을 넘어서는 안 된다. 말은 뜻을 전달하면 족하지 아름다운 말로 번다하게 하지 않는다."

子曰 : 辭達而已矣.

【集解】 孔曰 : "凡事莫過於實, 辭達則足矣, 不煩文豔之辭."

주희, 『논어집주』

말은 뜻을 전달하는 것을 취하는 데서 그쳐야지 풍부하고 화려한 것을 뛰어나다고 여기지 않는다.

【集注】 辭取達意而止, 不以富麗爲工.

다른 풀이[別解]

○ 전대흔(錢大昕)의 『잠연당문답』(潛硏堂問答) : 하·은·주 시대에는 제후들이 국가 외교를 중하게 여겼다. 『논어』에, "사방 나라로 사신을 가 임금의 명(命)을 욕되게 하지 않으면"[使於四方, 不辱君命]이라고 칭찬했고, "사방 나라로 사신을 가 전담해 응대하지 못하면"[使於四方, 不能專對]이라고 비판했다. 여기서 사(辭)는 전담해 응대하는[專對] 언사(言辭)다. 『공양전』(公羊傳)에 "대부는 밖으로 사신 갈 때 명(命, 공식문서)은 받고 사(辭)는 받지 않는다"[大夫出使, 受命不受辭]라 했고, 『예기』「빙례기」에 "사(辭)가 많으면 간책(簡策)에 쓰는 축문(祝文)이 되고 사가 적으면 뜻이 전달되지 않는다. 사(辭)는 진실로 충분히 전달할 수 있으니 뜻이 지극해야 한다"라고 했다. 『논어』의 문장과 『예경』(禮經=『예기』)은 표리관계이므로 경(經)으로 경(經)을 증명했으니 사(辭)는 뜻을 전달한다는 의미임을 알 수 있다.

○ 유월(兪樾)의 『군경의증』(羣經義證) : 「빙례기」의 "사(辭)가 많으면 간책(簡策)에 쓰는 축문(祝文)이 되고 사가 적으면 뜻이 전달되지 않는다. 사(辭)는 진실로 충분히 전달할 수 있으니 뜻이 지극해야 한다"라는 말은 당시 국가 외교의 사(辭)를 두고 얘기했음을 의미한다.

○ 생각해 보건대[按] : 이 설들은 비교적 근거가 있으므

로 한 견해로 갖춰 둔다.

【別解】『潛研堂問答』: 三代之世, 諸侯以邦交爲重. 論語使於四方, 不辱君命, 則稱之, 使於四方, 不能專對, 則譏之. 此辭卽專對之辭也. 『公羊傳』: "大夫出使, 受命不受辭." 「聘禮記」"辭多則史, 少則不達. 辭苟足以達, 義之至也." 『論語』之文與『禮經』相表裏, 以經證經, 可以知辭達之義矣.

『羣經義證』: 「聘禮記」"辭多則史, 少則不達. 辭苟足以達, 義之至也", 謂爲當時邦交之辭而發.

按: 此說較有根據, 可備一說.

정약용, 『논어고금주』

子曰 : 辭達而已矣.

보충 : 사(辭)는 사신이 전담해 응대하는 언사(言辭)다. ○ 주자는 말했다 : 말은 뜻을 전달하는 것을 취하는 데서 그친다.

補曰 : 辭, 使臣專對之辭. ○朱子曰 : 辭取達意而止.

인증(引證)

○ 「빙례기」에, "사(辭)는 정해진 법도가 없으니 공손하고 온화해야 한다(정현은 말했다 : 대부는 명命만 받고 사辭는 받지 않으며 사辭는 반드시 공순하고 온화해야 한다). 사(辭)가 많으면 간책(簡策)에 쓰는 축문(祝文)이 되고 사가 적으면 뜻이 전달되지 않는다(태사太史·내사內史가 간책에 쓰는 글을 관장한다). 사(辭)는 진실로 충분히 전달할 수 있으니 뜻이 지극해야 한다(사辭의 실례는 이러하다). 주인에게 사양하며, '예가 아니라 감히 못하

겠습니다'라 하고 주인에게 대답하며, '예가 아니라 감히 못 하겠습니다'라고 해야 한다."

○ 생각해 보건대[案] : 대부가 이웃나라에 빙문(聘問)할 때 그 국서(國書)를 명(命)이라 한다. 전편(前篇)(「헌문」憲問)에서 이른바 "비침이 초고를 작성하고…자산이 이를 윤색하였다"[裨諶草創之, 子産潤色之]라고 한 것이 이것이다. 대부가 그 나라에 도착해 전대(專對)하는 말을 사(辭)라 한다. 「빙례기」에서 말한 것이 바로 이것이다. 하지만 사(辭)와 명(命)이 통칭되기도 한다. 송나라가 노나라의 조문을 받고, "제가 실로 불경했기에 하늘이 재앙을 내린 것입니다"[孤實不敬, 天降之災]라고 했는데 사가(史家)들은 이를 일러 "(송나라) 공자(公子) 어열(御說)이 작성한 사(辭)이다"라고 한 것이 사(辭)와 명(命)을 통칭한 경우다(『좌전』 장공莊公 11년에 보인다).

○ 공안국은 말했다 : "무릇 일이란 실상을 넘어서는 안 된다. 말은 뜻을 전달하면 족하지 아름다운 말로 번다하게 하지 않는다."

○ 생각해 보건대[案] : 사(辭)란 무엇인가? 선유(先儒)들은 명확하게 설명하지 않았다. 경전(經典)을 살펴보면, 첫째 기축(祈祝)의 사(辭, 기원문·제사의 축문)가 있다. 『주례』(周禮) 「대축」(大祝)에 대축(관직명)이 여섯 가지 축[六祝]의 사(辭)를 관장했고, 『서경』 「금등」(金縢)에 삼왕(三王 : 태왕太王·왕계王

季·문왕文王)에게 기도할 때 태사(太史)가 책축(冊祝)하여(책에 축문을 쓰면서) 이르기를, "당신들의 원손(元孫) 아무개가"라고 하면서 그 이하 나오는 말이 그 예다.

둘째는 맹저(盟詛)의 사(辭, 맹세의 글과 저주하는 글)라 한다. 『주례』(周禮) 「저축」(詛祝)에 저축(관직명)은 맹저(盟詛)의 재사(載辭, 맹세하는 말)를 지었고, 『좌전』에 실린 '회맹'(會盟)의 사(辭)와 『소동파시집』(東坡詩集)에 실린 봉상(鳳翔, 지명)의 저초문(詛楚文)이 그 예다.

셋째는 복서(卜筮)의 사(辭, 점치는 글)라 한다. 『좌전』에 실린 영귀(命龜, 거북점을 칠 때 점치는 이유를 거북에게 말하는 것)의 사(辭)(『좌전』에 초왕楚王이 거북에게 고하며 "나는 천하를 얻고 싶다"라고 한 종류가 한 예다)와 『의례』(儀禮)에 실린 명서(命筮, 시초점을 칠 때 점치는 사람에게 명하는 것)의 사(辭)가 그 예다(「소뢰궤식례」小牢饋食禮·「특생궤식례」特牲饋食禮 두 편을 보라).

넷째는 혼인(婚姻)의 사(辭)라 한다. 『의례』(儀禮)의 사혼례(士昏禮)에 기록된 납채(納采)·문명(問名)의 사(辭)·납길(納吉)·납징(納徵)·청기(請期)의 사(辭)·예사(醴辭)·초사(醮辭) 등 사(辭) 아닌 것이 없다(이것은 이른바 「사혼례」에 보이는 "혼인과 관련해 서로 주고받는 사辭에는 선善하지 않은 게 없다"는 말이다).

다섯째는 옥송(獄訟)의 사(辭)라 한다. 『주례』(周禮) 「소사구」(小司寇)에 "사(辭)를 듣고 판결한다"는 것과 『서경』 「여형」(呂刑)에서 말하는 "한쪽 진술[單辭]·양쪽 진술[兩辭]에 밝고 맑다"라고 한 것이 그 예다(『대학』大學에 이른바 "진실이 없는 자는 그 사辭를 다할 수 없다"는 말이 이를 표현했다).

사(辭)의 쓰임을 다 지적할 수 없으니 요컨대 사(辭)의 본체는 의당 뜻을 전달하면 그만이다. 만약 말이 번거로워지고 많아지면 진실에 상처를 입힌다. 이 장에서 말하는 '사달'(辭達)은 모든 말을 통틀어 가리켜 말한 듯하지만 공자는, "나는 사명(辭命)에는 능하지 못하다"(『맹자』에 보이는 말이다)라 했고, 공자는 "명(命)을 쓸 때는 비침(裨諶)이 초고를 작성했고…"라 말했다. 이런 발언은 빙례(聘禮)의 사명(辭命)을 염두에 두고 말한 것이니 여기서 말한 '사달'(辭達) 역시 사신으로 간 대부가 전대(專對)하는 사(辭)이지 다른 사(辭)가 아니다.

근래 유학자들은 이 경문을 말하면서 모두 문장가의 언어가 훌륭한지 아닌지를 가지고 말하는데 크게 잘못되었다(명나라의 왕세정王世貞·원굉도袁宏道의 제설諸說은 서씨徐氏의 『강록』講錄[저자와 저서 미상]에 보인다).

【引證】「聘禮記」曰 : "辭無常, 孫而說.[鄭云 : "大夫受命不受辭, 辭必順且說."] 辭多則史, 少則不達.[太史·內史掌策書] 辭苟足以達, 義之至也. 辭曰, '非禮也. 敢.' 對曰'非禮也. 敢.'"

○案. 大夫聘於隣國, 其國書謂之命, 前篇所謂"裨諶草創之, 子産潤色之"者, 是也. 其到彼專對之語, 謂之辭, 若聘禮所言者, 是也. 然

辭命有時乎通稱. 宋受魯弔, 曰:"孤實不敬, 天降之災." 而史家謂之"公子御說之辭", 是也.[莊十一]

孔曰:"凡事莫過於實, 辭達則足矣, 不煩文豔之辭."[朱子云:"不以富麗爲工."]

○案. 辭之爲何物? 先儒未有明說. 考之經典, 有祈祝之辭,『周禮』「大祝」掌六祝之辭, 而「金縢」禱于三王, 史乃冊祝曰:"惟爾元孫某"以下, 是也. 二曰盟詛之辭,『周禮』詛祝作盟詛之載辭, 而左傳所載會盟之辭及東坡詩集所載鳳翔詛楚文, 是也. 三曰卜筮之辭, 左傳所載令龜之辭[若楚王令龜云"余尙得天下"類]及儀禮所載命筮之辭, 是也.[見小牢·特牲] 四曰婚姻之辭, 若士昏記所載納采問名之辭·納吉納徵請期之辭·醴辭·醮辭, 無非辭也.[此所謂辭無不腆] 五曰獄訟之辭,『周禮』「小司寇」謂之"辭聽", 而「呂刑」所云"明淸于單辭·兩辭", 是也.[『大學』所云"無情者, 不得盡其辭"] 辭之爲用, 不可殫指, 要之, 辭之爲體, 宜達意而止. 若繁縟辯博, 則傷於誠實. 此章所謂"辭達"者, 有若通指諸辭而言之者然. 孔子曰:"我於辭命則不能." 孔子曰:"爲命, 裨諶草創之." 蓋以聘禮辭命而言之, 則此所云"辭達", 亦大夫專對之辭, 非他辭也. 近儒論此經, 皆以文章家詞句工拙而言之, 失之遠矣. [王弇州·袁中郎諸說, 見徐氏講錄]

정리 : 주석을 어떻게 읽을 것인가

길지만 여러 주석을 모아 인용한 데에는 이유가 있다. 크게 보면, 주희의 『논어집주』만을 읽어서는 외눈박이라 다른 주석과 비교하는 일이 얼마나 중요한지 경험할 필요가 있다는 생각에서였다. 절대적인 주석이란 존재할 수 없다. 주희의 주가 역사적으로 중요한 주석임에는 틀림없으나 시대가 바뀌었으므로 예전과 똑같은 시각을 유지하는 데 머물러서는 안 된다. 또 하나, 청나라 고증학에 대한 무지가 얼마나 해가 큰 선입견인지 재고해야 함을 알리고 싶었다. 청대 학인의 정밀한 글을 읽으면 공부하는 마음을 다잡게 된다.

작게 보면, 『논어』의 첫 구절에는 지나치기 쉬운 문제가 도사리고 있다. 인용하지는 않았지만 일본 에도시대의 이토 진사이(伊藤仁齋)는 그의 기념비적 저작 『논어고의』(論語古義)에서 이 구절을 문제 삼았다. 진사이는 묻는다. 공자가 한 세 마디 말은 동일 시간대에 발화된 말인가, 아니면 시차를 두고 한 비슷한 말을 나중에 한꺼번에 묶은 말인가. 답을 알 수 없는 질문이다. 『논어고의』를 읽으면서 처음 부닥친 문제였다. 이전에 생각해 보지 않았던 전혀 새로운 문제. 첫 구절부터 이런 질문을 하게 되면 『논어』 읽기가 달라진다. 이토 진사이가 새 학문을 개척한 이유를 어렴풋이 헤아려 볼 수 있다. 그는 끊임없이 질문했다. 주자의 권위조차 질문 대상이었던 것. 그게 진사이의 힘이었다. 그런 고민을 공유하는 사람이 있을까. 첫 구절부터 만만치 않은 숙제가 놓여 있는 셈이다.

이 구절엔 또 공자 특유의 어법이 드러난다. '불역~호'(不亦~乎)의 어투는 후에 상투구가 되지만 공자의 말투는 효과가 각별하다. 공자는 자기 경험을 토대로 상대방과 소통하려 하고 마음을 비운 채 말한다. 스승이라고는 하나 당위의 말로 압박하지 않는다. 자기 경험을 절대화해 권위를 내세우지 않는다. 자기를 따르라고 강제하지 않는다. '그런 거 같아', '그런 게 아닐까'라는 어투에는 겸손하다기보다는 소탈한 느낌이 있다. 젊은 사람의 말이라기보다 노년에 다다른 사람의 말로 보이는데 회한이나 자부심이 들어 있는 게 아니라 담백한 느낌이다. 듣는 사람이 고개를 끄덕이며 수긍할 수 있는. 저절로 저러고 싶다는 마음이 우러나게 하는 말이다. 공자의 말이 온화하다는 것은 이를 두고 하는 말이다. 주희 같은 자이언트도 공자에게 직접 배운 제자들을 몹시 부러워했는데 『논어』를 읽으면서 공자라는 인간의 이런 면모를 간파해서가 아닐까. 앞서 주석에서 누군가 이 말을 두고 공자 평생의 진술이라고 하면서 만세의 스승이 되는 까닭이라고 추앙했는데 동의할 수 있는 말이다. 공자의 이런 면이 『논어』를 지탱하는 힘일 것이다. 누군가를 존경한다는 말의 온전한 뜻이 이 구절에 담겨 있다.

「위령공」 40장에 대한 주석을 인용한 것은 다산의 글을 보여 주기 위해서였다. 『논어고금주』(論語古今註)는 방대한 책이다. 청수더의 『논어집석』과 어깨를 겨룰 정도로 스칼라십의 경지가 삼엄하다. 번역 문면에 잘 나타날지 모르겠으나 고금의 주석을 두루 섭렵해 자신만의 견해를 확고히 세운 사람의 단단한 안목이 여실하다. 조선 학인의 수준이 어느 정도인지 가늠하기 충분하다. 전문서적이어서 접근하기 만만치 않지만 그만큼 독서의 보람도 큰 책이다. 작은 조각에 불과한 예시지만 『논어』를 깊이 공부하고픈 사람에게 일독을 권한다. 민족의 고전이니 하는 수사는 다 걷어 내고 공부란 무엇인지 접해 보기 위해서라도.

주석을 일별해 보면 흥미로운 점이 눈에 띈다. 유보남의 『논어정의』는 하안의 『논어집해』를 철저하게 주석한 책이다. 그만큼 하안의 주석서는 비중이 크다. 유보남의 책이 나오면서 하안의 저작이 얼마나 중요한지 재발견되었다. 유보남의 주석에 주희의 주는 언급되지 않는다. 주석의 방향이 다르기 때문이다. 유보남은 오직 문헌 중심으로 접근한다. 고증학이 어떤 정신인지 명확해진다. 당연히 주희의 철학적 해석은 주석 대상이 아니다. 철학적 세계관을 어떻게 문자로 증명할 수 있겠는가.

문헌학과 철학이 여기서 갈라진다. 주희의 주석은 철학으로 설명하고 논리로 파고들 수 있을지언정 문자학으로 시비를 가릴 수는 없다. 거꾸로 말하면 하안의 주석을 중심으로 사고하며 읽었던 『논어』가 주희를 만나 다른 세계로 진입했음을 확인할 수 있다. 주희의 주를 신주(新注)라고 따로 부르는 이유가 여기 있다. 그것은 단순히 구획선을 의미하는 게 아니다. 유보남이 몰두한 것은 문헌학과 문자학으로 끝까지 밀고 나가는 것. 철학적 해석과는 다른 방향이지만 고증학의 심도에는 철학과는 또 다른 깊이가 있다. 이 두 세계관의 충돌은 경이롭다.

청수더는 근대인이다. 그는 근대학문의 방법론으로 체계적으로 접근했다. 고증학을 받아들이면서 주희의 주(注)도 자기 세계로 끌어들인다. 주희의 주도 검토대상이 될 수밖에 없는데 이는 이미 객관적인 대상이 됐다는 말이다. 두 이질적인 세계가 공존하면서 갑론을박이 벌어지는 광경을 볼 수 있다.

유보남과 갈라지는 지점이다. 다산이 『논어고금주』에서 주희의 주를 자신의 시야에 넣고 검토한 것과 비교할 수 있다.

주를 모아두고 보니 여러 생각을 자극한다. 학문으로서 주석이 어떤 것인지 재고하는 기회이기도 했다.

『논어』 해독을 위한 총론

『논어』의 500개가 넘는 구절 가운데 겨우 두 구절과 그에 관한 몇 개의 주석을 읽고 어찌 한 권을 다 얘기할 수 있으랴만 맛은 보았으니 『논어』 해석의 총론을 간략히 언급해 보자.

『논어』를 읽는 방식은 세 가지 정도로 정리할 수 있을 것 같다.

첫째 역사적 독법이다. 텍스트를 이해하는 일반적인 방법 가운데 하나는 주인공이 살았던 시대를 재구성해 보는 것이다. 동시대의 텍스트를 병행해 읽으면서 그들이 살았던 시대의 감각, 생각, 역사, 사회를 배경에 두는 방식이다. 텍스트를 읽을 때 맥락을 따라가는 게 중요하다는 말이다. 이때 맥락은 한 시대의 사고방식을 알고 어떤 사건이나 일을 연대기로 구성해 보면 이해하기가 수월하다. 공자의 생애를 알고 삶 가운데 텍스트를 놓음으로써 단편적인 언급들이 구체성을 띤다. 이 방법을 철저히 하는 것만으로도 『논어』를 객관적으로 읽는 효과적인 길을 찾을 수 있다. 공자의 말을 초월적인 언사나 보편적인 진술로 읽기 이전에 역사화시키는 방식이기도 하다. 막연한 읽기나 투항적인 존경과 숭배로 떨어지지 않는 읽기다.

둘째는 철학적 해석이다. 주희가 읽은 방법이다. 주희의 주석은 송(宋)대 지식인들이 이해한 『논어』를 집대성했기 때문에 생각보다 읽기 어렵다. 주희의 주석에 대한 소(疏)가 한 보따리나 된다는 사실은 주희의 주석을 이해하기 위한 고투를 증명한다. 간결하지만 하나하나가 개념어로 이루어진 문장인 만큼 압축과 밀도가 높아 성리학에 대한 기본 훈련이 없이 보면 흔한 풀이에 불과할 수도 있다. 주희의 주석이 놀라운 점은 일관된 세계관으로 텍스트 전체를 꿰었다는 데 있다[一以貫之]. 말처럼 쉬운 일이 아니다. 누가 이런 위업을 다시 달성할 수 있을까. 주희는 새로운 가능성을 열었고 주희가 학자를 넘어 사상가로 우람하게 설 수 있었던 까닭인데 이는 다른 가능성을 시사해 주는 것이기도 하다.

마지막으로 다른 텍스트와 대화하기다. 『논어』가 특별한 텍스트가 된 것은 텍스트 자체가 가진 위력이 컸기 때문이다. 그 위력은 어디에서 오는가. 『논어』는 당대의 긴요한 문제와 이후의 중요한 문제를 모두 다뤘다는 점에서 중국사상사의 원점이기도 하다. 『논어』 이후 등장하는 모든 저작과 사상가들은 『논어』를 비판하든 수용하든 계승하든 『논어』를 마주해야 했다. 후대의 제자백가들이 『논어』를 풍부하도록 만들었다. 그런 의미에서 『논어』는 이후 나오는 모든 저작들의 저수지이기도 하다. 『논어』를 한 텍스트에 국한시키지 않고 혹은 유가라는 틀 안에서 해석하는 것으로 만족하지 않고 후대의 다른 텍스트들과 견주어 보면서 어떤 테마들이 부각되고 시대별로 달라졌는지 읽는 일은 사상'사'(史)가 무엇인지 공부할 수 있는 좋은 기회다. 『논어』가 튼 물꼬를 후대의 텍스트들은 잘 이어 나갔다. 이런 의미에서 『논어』는 '절대' 텍스트이기도 하다. 맹자는 공자를 집대성(集大成)이라고 표현했는데 이 말은 공자와 『논어』를 설명한 가장 적실한 정의일 것이다. 『논어』 이후 등장한 『묵자』(墨子)에서부터 전국시대 최후의 저작 『한비자』에 이르기까지, 『논어』의 대척점에 있을 것 같은 『장자』와 『노자』에까지 『논어』의 그림자는 넓고 깊다. 이 점을 게을리한다면 『논어』 읽기의 반쪽에 불과할 것이다. 『논어』는 거듭 문제가 되는 텍스트다.

전통시대에 『논어』는 단순한 한 권의 책이 아니었다. 크리스천에게, 혹은 서양인에게 『성서』가 한 권의 책에 그치지 않는 것과 똑같다. 주자 성리학이 문명의 패러다임으로 정착

하면서 공자는 성인으로 지위가 가장 높아졌고 『논어』 읽기 방식에도 변화가 컸다. 원시유학에 한정해 보아도 공자의 지위는 사후에도 계속 높아지는 과정이었다. 공자가 살았던 당대에도 말년부터는 명성이 서서히 올라갔다. 공자 사후 제자의 공이 컸지만 공자라는 이름은 널리 알려졌다. 이는 무엇을 말하는가. 『논어』를 읽는 일은 공자의 유명세와 더불어 덧붙여진 잉여를 헤쳐 나가는 작업임을 암시한다. 잉여가 반드시 나쁜 것만은 아님을 적어 두어야 하리라. 잉여를 의식하면서 지워 나가기는 쉽지 않은 일이다. 방법이 없지는 않을 거다. 공자 당대를 살피고 그 이후 공자와 시기가 가까운 사람들의 글을 병행해 읽는 것부터 시작하는 것이다.

이상 『논어』에 대한 일반론을 이야기했으므로 나만의 『논어』 읽기를 감행해 보자.

3부

『논어』, 어떻게 읽을 것인가

절대언어와 역사화

論語

1장 _ 공자의 언어감각

변(辯)과 녕(佞)의 구분

공자가 말 잘하는 사람을 미워한다는 사실은 널리 알려졌다. 「학이」(學而) 3장에, "교언영색 선의인"(巧言令色, 鮮矣仁)이라 해서 인(仁)과 대척점에 교묘한 말재주[巧言]를 악덕으로 놓았으니 두말이 필요치 않다. 교언은 여러 가지 말로 변주된다. 구변(口辯)이라고도 하고 이구(利口), 구급(口給)이라고도 하는데 녕(佞)이라고 한 글자를 쓰기도 한다. 이렇게 다양한 표현이 있다는 것은 교묘한 말솜씨가 많다는 의미이기도 하고, 경멸감의 표시이기도 하다. 영인(佞人)은 공자가 싫어하는 사람 가운데 하나다.

공자 같은 유덕자(有德者)도 사람을 미워할까? 「양화」(陽貨) 24장에 자공이 "군자도 미워하는 게 있습니까?" 묻는 장면이 보인다. 스승님도 미워하실 수 있습니까, 라고 물은 거나 진배없다. 공자는 미워하는 사람 네 종류를 드는데 앞의 두 가지가, '남의 악행을 말하는 자'와 '아랫자리에 있으면서 윗사람을 헐뜯는 인간'이다. 둘 다 말하기와 관련되는데 공자는 이들이 남의 악행을 말하거나 헐뜯을 때 교묘하게 말하기 때문에 미워했다. 거꾸로 아부할 때도 상대방 심리에 부합하도록 말을 교묘하게 포장하고 우회했기에 아부하는 인간도 공자는 멀리했다.

변(辯)이란 말에는 말만 잘한다는 부정적인 뜻만 있는 게 아니다. 전국시대 변사(辯士)들은 단순히 말만 잘하는 사람들을 가리키지 않는다. 공자를 최초의 변사라 한다면 나쁜 뜻으로 들을 수 있겠지만 그런 것만은 아니다. 소크라테스가 최고의 소피스트로 소피스트의 완결자이자 해체자였다는 사실은 소크라테스를 해치는 말이 아니다. 공자도 마찬가지다. 공자를 최초의 변사라고 해도 불명예를 씌우는 말이 되지 않는다. 공자가 쉰 살이 넘은 늙은 나이에 14년 동안 여러 나라를 돌아다니며 벼슬을 구하려 했을 때 공자는 무엇보다 군주를 설득해야 했다. 설득은 변사들의 최고 능력이었다.

변(辯)은 녕(佞)과 구별해야 한다. 변(辯)은 변(辨)이기도 해서(서로 통용되는 글자였다) 분별력을 나타내지만 현실에서는 변과 녕을 구별하기 쉽지 않다. 공자가 변사임에는 틀림없으나 영인(佞人)이라 하면 누구도 찬성하지 않을 것이다. 헌데 공자가 녕(佞)이란 소리를 들었다면? 「헌문」(憲問) 32장에 미생무(微生畝)가 공자를 평가하는 말이 보인다. "구(丘, 공자)는 무엇 때문에 그렇게 연연해할까(여기저기 다니며 벼슬을 구할까[栖栖]). 말재주 부리는 게 아닌가[無乃爲佞乎]". 공자는 대답한다. "감히 말재주 부리는 게 아니라 고(固)를 미워하는 것이다[疾固]". 공자는 "질고"(疾固)라고 대답했는데 주자는 고집불통을 미워한다는 의미로 풀어, 녕(佞)이라고 말한 미생무에게 '당신처럼 고집스런 사람을 미워하기 때문'이라고 맞받아치는 의미로 해석했다. 공자를 성인으로 간주하는 주자로서는 공자가 남에게 비판받는다는 사실을 받아들이기 어려웠을 것이다. 고주(古注)는 "세상이 고루한 것을 미워해서 그렇다"라고 풀어 다르게 보았다.

핵심은 녕(佞)에 걸려 있다. 무슨 말인가? 남이 보기에 공자는 말솜씨가 뛰어났다는 말이다. 미생무의 말에 공자는 자신을 변호해야 했다. 녕(佞)이 아니라 질고(疾固)입니다, 라고. 공자를 이름으로 부르는 걸 보면 미생고는 공자보다 연장자일 가능성이 높고 공자는 진지하게 자신을 디펜스해야 하는 상황이다. 두 사람의 발설 사이에 시간 차이가 있다고 상정해 미생무가 먼저 공자에 대해 논평하고 나중에 그 말을 들은 공자가 대답했다고 하는 게 일반적인 해석이나 시간차 없이 둘 사이에 주고받는 대화로 봐도 무방하다. 두 말 사이에 긴장감이 어렴풋이 감지된다. 공자는 녕이란 말에 반응했던 것이다.

공자는 말 잘하는 것을 늘 경계하고 군자됨의 자질로 "목눌"(木訥)을 꼽았다(「자로」 27). 나무처럼 감정적 동요를 드러내지 않는 과묵함. 다른 맥락에서 나온 말이긴 하나 공자는 과묵에서 더 나아가 자공에게 "말이 없고자 한다"[予欲無言]고 했는데(「양화」 19), 제자들이 선생의 행동과 함께 말에도 예민하게 귀 기울이고 신뢰했음을 반증한다. 이 모든 발언과 사태는 공자가 언어표현에 뛰어난 데서 비롯된다.

공자의 언어감각

공자가 언어에 뛰어났다는 사실은 『논어』 전반에 보인다. 『논어』란 공자의 어록이 아니던가. 『논어』 이외의 다른 책을 보면 스승들(맹자·노자·묵자·순자·한비자 등등의 제자諸子)은 예외없이 언어에 출중했음을 알 수 있다. 공자는 어떤 면에서 이들과 구분되는가. 장자는 전혀 다른 차원에서 노니는 존재이니 논외로 하자. 맹자가 논리 구사에 뛰어나다면 공자는 이에 미치지 못한다. 노자처럼 철학적 깊이를 가졌는가 물으면 공자는 노자를 따라갈 수 없다고 말할 수밖에 없다. 공자는 묵자만큼 논리학에 능하지 못하다. 순자는 맹자보다 더 논리적이니 말할 것도 없다. 한비자의 예리한 분석과 치밀한 조직력을 갖지 못한 게 공자다. 후대에 공자의 영향 아래 언어를 수련한 사람들과 공자를 동렬에 놓아서는 아니 될 것이다. 선배의 자양분을 흡수해 자기만의 장점으로 멀리 뻗어나간 이들의 기준을 적용하면 부당한 비교이리라. 그렇다면 공자만의 뛰어난 면은 어디에 있는가.

그것은 언어감각이리라. 공자는 언어 자체에 대한 감각이 예민해서 언어의 뉘앙스를 깊이 체득한 것처럼 보인다. 언어감각은 언어를 갈고닦은 후천적 솜씨와 다르다. 얼핏 보면 말장난으로 보일 수 있는 어휘구사와 언어이용, 유머, 문자유희를 은근히 드러내는 말은 공자의 언어를 세심하게 음미하도록 자극한다. 의미를 따져 보고 지향점을 추론해 공자의 사상을 재구성하는 일이 『논어』를 읽는 통상적인 방법 가운데 하나지만 공자의 언어감각을 등한시할 때 『논어』 읽는 재미는 줄어든다.

언어유희

먼저 언어유희의 예를 들어 보자. "어찌하지, 어찌하지라고 하지 않는 사람은 나도 어찌할 수 없다."[子曰 : 不曰如之何如之何者, 吾末如之何也已矣, 「위령공」 16] 공자는 "어찌할까"[如之何]라는 말로만 문장을 만들었다. 일이 닥쳤을 때 아니면 평소에, 어떻게 해야 할지[如之何]를 생각하지 않고 함부로 행동하는 사람은 어떻게 할 방법이 없다고 반어투로 말한 것이다. '여지하'(如之何)를 반복하되 의미를 뒤집는 언어유희를 하면서 의미망을 구축했다. 의미 이전에 언어가 육박해 들어오는 형국이다.

빼어난 표현

공자의 빼어난 표현도 언급해야 한다. 이때 공자는 시인이 된다. 공자가 처음으로 말했던 참신한 비유나 표현이 지금은 유명해져서 첫 발언의 신선도가 약해졌지만 미적인 측면에서 보더라도 공자는 시인으로서 발군이다. 「안연」(顔淵) 19장에 계강자가 정치에 대해 묻자 공자는 이렇게 대답한다. "군자의 덕은 바람이요, 소인의 덕은 풀이니 풀에 바람이 불면 (풀은) 반드시 눕습니다."[君子之德, 風 ; 小人之德, 草, 草上之風, 必偃] 후대에 이 말은 군자나 위정자의 교화·감화력을 상징하는 말로 굳어진다. 그런 심오함은 잊자. 무엇보다 이 말은 바람과 풀의 비유가 탁월하다. 이미지가 바로 떠오르면서 직관적으로 이해할 수 있다. 설명이 필요 없다. 생생하게 살아 있는 비유. 동떨어진 대상을 매치시키는 기발함이 뛰어난 비유의 전부가 아니다. 비유인 줄 모르게 단번에 받아들이게 하는 일체감이 중요하다. 이 부분에서 비유에 대한 세간의 인식과 공자의 자유로움이 갈라진다. 비유가 성공하니 생략된 것조차 느끼지 못한다. 더 이상 말을 덧붙이는 건 군더더기다. 김수영의 시 「풀」에까지 뻗어 있는 긴 생명력을 대는 것으로 줄이도록 하겠다.

간결함

싱싱한 비유와 결합한 메시지가 다가 아니다. 다른 미덕이 또 있다. 공자는 간결함에서 으뜸이다. 공자는 "말은 전달만 하면 된다"[辭達而已矣, 「위령공」 41]고 했다. 간결한 말이지만 그 아래 깊은 의미망을 갖기는 쉽지 않다. 여기서 사(辭)는 외교 언어를 가리키기에 언어의 생명력과 겹겹의 의미는 더 소중하다. 공자 자신은 과연 이 말을 실현했을까? 예를 들어 보자. "군자는 안정되고 교만하지 않으며 소인은 교만하고 안정되지 못하다."[君子, 泰而不驕, 小人, 驕而不泰. 「자로」 26] 문장 전체가 대조(contrast)다. 교(驕)와 태(泰)는 다른 범주로 보이지만 이웃한 개념이라 혼동하기 쉽다. '태'(泰)한 자세로만 일관하면 다른 사람들이 접근하기 어려워 '교'(驕)로 보일 수 있기 때문이다. 그래서 '태'(泰)와 '교'(驕)를 같이 썼다.

군자와 소인을 구분하기 어려운 까닭도 거기 있다. 공자는 빈번하게 군자와 소인을 대조한다. 그것은 군자를 강조하기 위한 수사전략이 아니라 군자와 소인이 등을 맞대고 있어

구분이 어렵기 때문이다. 군자와 소인을 대비시키되 '태'(泰)와 '교'(驕)를 위치만 바꿔 미묘한 차이를 극명하게 대조되도록 했다. 군자와 소인이라는 도덕적 함의를 가진 주어와 결합한 비슷한 단어(교/태)는 판연히 다른 두 존재가 생각보다 먼 거리가 아님을 은연중 드러낸다. 군자는 수련을 계속하지 않으면 교(驕)로 넘어갈 수 있음을 깔고 있으니 이 말엔 경계의 뜻이 있다. 얄팍한 도덕적 의미에 한정되지 않는 역동적인 군자의 뜻을 잘 전달했다 하겠다. 이런 언어로 이루어진 것이 외교언어다. 외교언어는 관계의 언어이며 관계의 언어는 간결함이 생명이다.

첩어의 활용

마지막으로 간결이라는 언어의 경제성에 첩어의 활용을 빼놓을 수 없다. 공자는 사(士)를 이렇게 정의한다. "절절시시, 이이여야"(切切偲偲, 怡怡如也, 「자로」 28) (친구 사이에는) 간절하게[切切] 권하고[偲偲], (형제 사이에는) 화목해야 한다[怡怡]는 말이다. 의미를 해석하는 행위를 하지 않을 수 없지만 의미 이전에 역시 언어의 느낌이 먼저 들어온다. 이 말을 들은 용맹한 자로는 어떻게 느꼈을까. 의미가 전달되기 전에 소리와 음성이, 호소하는 느낌과 편안한 감각이 먼저 스며들어 저절로 기억할 만한 말이 된다.

공자의 언어능력은 이에 그치지 않으나 간단하게 네 가지 정도를 거론해 보았다. 같은 말을 대조시키거나 겹쳐 쓰면서, 유희를 하되 놀이에 멈추지 않고 의미를 만들며, 간결하게 핵심을 전달하는 복합능력. 이는 후천적인 습득일까, 선천적인 자질일까. 호학(好學)을 강조했으니 평생 학습을 통해 얻은 것 같기도 한데 어느새 의미가 따라오도록 하는 미묘한 언어를 보면 언어의 음악성에 대한 직관이 작동하는 게 아닐까. 공자는 "하학이상달"(下學而上達, 「헌문」 35)[이와 비슷한 말이 「헌문」 23장에도 있다]이라고 자신을 표현했다. 실질적인 지식이나 기본적인 공부[下學]만 배운 사람에게 수준 높은 경지에 도달[上達]했다는 게 어떤 것인지 상상만 할 뿐이나, 상달에는 언어적 직관을 구체화하는 능력도 포함되는 것일까. 상투적인 말이지만 공자는 습득과 자질을 결합한 것일까.

공자 언어의 심미성과 격식화

공자의 언어감각은 예민하다는 말만으로는 부족하다. 위정자에게 하는 말이 달랐으니 그들의 지위를 고려해 쓰는 말을 골라야 했기 때문이다(사회적 관습으로서의 예禮). 제자들에게 하는 말이 달랐으니 그들의 성격과 기질을 평소에 관찰해 알았기 때문이다(제자를 관찰하는 안목). 언어의 효용이라는 측면에서 상대에 따라 쓰는 언어가 달랐다는 점은 누구나 지적할 수 있다. 그때 예민하다는 말은 별 의미가 없다. 의미 분석에서 벗어나 말을 음미하는 지점까지 가봐야 한다. 소리를 고려해야 한다는 말이다.

심미적 자질이 담겨 있는 게 공자의 언어다. 공자가 시인이었음을 잊지 말아야 한다. 정치가를 만나야 했기에 언어가 공식적이 되고, 교육자로서의 면모가 부각돼 교훈적인 선생으로 기억되는 건 피할 수 없다. 진지하고 사려 깊은 사람으로서. 그러나 공자의 호소력과 사람을 움직이는 힘은 언어 자체의 매력을 체득했기에 가능했다. 공자는 언어의 힘을 믿는 드문 자질을 지녔다.

언어의 사회성에 방점을 둔 그의 정명론(正名論)은 이를 토대로 진행된다. 언어에 대한 신뢰는 유가의 기본 자질이고 도가(道家)와 갈라지는 지점이지만 언어에 대한 공자의 신뢰는 시인으로서의 모습과 정확히 겹친다. 거기에 주목하지 않고 의미를 재구성하는 일(사상!)에 몰두하기에 우리의 『논어』 읽기는 건조하다. 알아가는 재미에 그칠 뿐 즐기는 기쁨에는 도달하지 못한다. 공자의 언어구사를 맛볼 때 공자는 다른 사람이 된다. 사람들은 『논어』를 읽고 공자가 온화한 인간이라고 말한다. 공자의 직설적이지 않은 말투를 지적한 것이지만 언어감각을 인지했기에 가능한 진단이다.

당시 사람들은 공자의 언어감각을 얼마나 알고 있었을까. 『논어』 안에서 알아낼 수 있다. 「자장」(子張)에는 공자 제자들의 언행이 집중적으로 기록되었는데 공자의 재전(再傳) 제자들이 자신의 스승(공자에게 직접 배운 자신의 스승)을 기록한 것으로 추측할 수 있다. 『논어』가 완성되는 데는 재전 제자들의 손길과 영향이 적지 않았다. 이들은 공자의 직접 제자들이 공자를 '자왈'(子曰)이라고 표시한 것에 비해 '공자왈'(孔子曰)이라고 할아버지 스승임을 표현해서 어쩔 수 없는 거리감을 드러냈다.

「계씨」(季氏)에는 "공자왈"(孔子曰)로 시작하는 일련의 기록이 모여 있다. 「계씨」에 대해 주자는 『논어집주』에서 "제논어"(齊論語)라고 했다. 다른 편들과 구별되는 「계씨」만의 특이한 점을 이렇게 표현했다고 봐야 할 것이다. 무슨 근거로 '제논어'라고 했느냐 묻고 따지는 일도 중요하지만 그보다는 이 편이 다른 편들과 이질적이라는 점을 인식했다는 사실에 주목할 필요가 있다.

그 이유 가운데 하나는 문체가 다르기 때문이다. 문체는 언어표현 양식이 다르다는 초보적인 사실에서 쉽게 감지할 수 있다. 「계씨」 4장부터 10장까지 공자는 숫자를 동원해 말한다. 삼우(三友)라든가, 삼요(三樂)라든가, 삼건(三愆, 세 가지

허물), 삼계(三戒), 삼외(三畏), 구사(九思)라는 말을 꺼내 리스팅(listing)하는 방식으로 말을 전한다. 이 버릇은 「양화」(陽貨)에도 흔적을 남겨 오자(五者)라든가, 육언육폐(六言六蔽)라고 하는 투가 보인다. 체계적이라는 인상을 줄지 모르나 공자의 말이 기계적으로 나열된다. 정돈된 느낌이라기보다 가공된 인위성이 도드라진다. 공자 언어의 활력이 증발돼 버렸다.

왜 이런 일이 벌어졌을까? 공자의 자유로운 리듬을 가진 언어가 잘못 이해되면서 외우기 편한 쪽으로 기울어진 것이 아닐까. 공자의 글이 조직화되면서 생동하는 호흡을 잃어버린 전조가 『논어』 후반부(「향당」 이후)에 이미 나타난다. 공자의 언어감각은 명확하게 감지할 수 있으나 카피하기 쉽지 않다는 데 문제가 있었을까. 공자의 독창성은 변화가 다양한 언어의 리듬을 자유롭게 구사하는 데서 온다. 누구나 느끼기는 하나 모사할 수는 없다. 그 찌꺼기가 리스팅이란 양식으로 앙상하게 구현된 게 아닐까. 공자의 구어체적 자연스러움이 문어체적 격식성으로 고정화되는 증거로 읽어야 할까.

공자의 '불규칙한-자연스런 리듬'은 사마천의 『사기』에 일정 정도 구현되었다고 생각한다. 『논어』에 보이는 여러 가능성이 후대에 끼친 영향은 생각보다 크지만 문장과 문체에서도 지울 수 없는 흔적을 남겼고, 여기에는 공자의 언어감각이 두뇌에 해당한다.

2장 _ 절대언어

유학에서는 중심이 되는 주요 텍스트를 경전(經典)이라 부른다. 경전을 연구하는 학문은 경학(經學)이라 한다. 경전과 경학의 성립은 한(漢) 제국의 발전과 나란히 진행되었는데, 경전과 경학이 제국을 운영하는 기준으로 공고화되는 과정이기도 하다. 경(經)이란 말은 기준·중심·표준이란 의미를 품고 있어 경전은 온 사회가 참조하고 의지해야 하는 고귀한 텍스트였다. 정치뿐 아니라 문화, 역사 등 사회 전반에 중추기능을 하게 된다. 이데올로기화라 하고 넘어가기엔 간단하지 않은 역할을 맡은 것이다.

이런 까닭에 이전까지는 오래되었거나 훌륭한 책으로 전해진 존재들이 새롭게 권위를 입어 '상서'(尙書, 오래된 글이란 뜻이다)는 『서경』(書經)이 되고, 구전가요 묶음이었던 '시'(詩)는 『시경』(詩經)이 되고, 점술책이었던 『주역』(周易)은 『역경』(易經)이 되었다. 전통시대 중국에서는 도서를 분류할 때 '경사자집'(經史子集)을 가장 큰 상위 카테고리로 하는데 경(經)이 도서 분류의 근간이 되었다는 사실도 경전의 탄생과 관련이 있다. 책의 지위가 높아지고 일반 서적과 다른 고유의 아우라를 지니면서 정전화(正典化)되어 절대언어(the absolute language)를 담은 성스런 텍스트가 되었다.

절대언어

절대언어란 무엇인가. 시공간을 초월해 누구에게든 보편타당하게 적용되고 고갈되지 않는 풍부한 의미로 가득 찬 언어를 말한다. 한 문명권의 특정한 역사와 사회문화를 뛰어넘어 불변의 진리를 담고 있다고 인정된다는 뜻이다. 서양에서는 『성서』를 예로 들 수 있을 것이다. 한 사회/문명의 토대를 이루어 오랜 시간 깊은 영향력을 발휘한 대상을 가리킨다. 어떤 텍스트인들 시작이 없겠는가마는 사회 전체에 완전히 스며들어 시원을 잃어버린, 역사성을 지워 버린, 역사성이 지워진 특별한 존재라 하겠다.

어떤 의미에서 보자면 모든 글과 말은 절대언어를 지향하는 성질 혹은 욕망을 지녔는지도 모르겠다. 거꾸로 사회가 자기들의 절대언어를 만들고자 갈망한다고 말하는 게 옳을

지 모르겠다. 경전이나 『성서』같이 체계화된 절대언어가 아니더라도 어떤 사회든 절대언어에 준하는, 절대언어에 근접하는 언어는 가지고 있기 마련이다. 절대언어가 성립하는 사회적 조건이 있다. 사회적 합의가 무엇보다 중요한데, 합의의 토대가 되는 것이 시간이다. 오랜 시간을 견뎌 내야 국지성과 민족, 종족이라는 한계를 넘어 보편성이라는 절대를 얻는다. 시간은 모든 단단한 것을 갈아 없앤다. 시간을 견딘다는 말은 한 텍스트가 고스란히 시간을 버틴다는 말이 아니라 끊임없이 다시 쓰여지고 해석되고 후대의 의견이 덧붙여져서 시간과 함께 움직인다는 말이다. 마모되면서 생성되는 기이함. 그런 텍스트는 생각보다 많지 않다. 적어도 수백 년 이상을 견뎌야 한다. 그때 가서야 인류의 지혜라는 말로 절대언어가 되는 것이다.

절대언어에 근접한 텍스트로는 가장 짧은 것으로 속담이나 격언, 금언을 들 수 있다. 속담은 발생을 거슬러 올라가면 기원을 잡을 수 있지만 대부분의 속담은 디테일이 빠지고 골격만 남아 단순함으로 생존할 수 있었다. "중이 제 머리 못 깎는다"라는 말을 생각해 보자. 이 속담에는 '중'이라는 역사언어가 포함되어 있다. 불교가 들어오기 전에는 성립할 수 없는 말이다. 이 말이 국경을 넘을 경우 머리를 깎는다는 표현은 '중'이라는 종교언어와의 결합을 전제로 만들어졌다는 연쇄

고리가 끊어져 다른 문화권에서는 이해하기 어려운 말이 된다. 오래된 속담임에도 시간의 장벽을 넘지 못하고 국경도 건너지 못한다는 사실은 절대언어가 쉽게 만들어지지 않는다는 예증이 된다. 하지만 '중'과 같은 사회문화적 코드가 완전히 소거된 속담일 때는 문제가 다르다. 그럴 경우 속담은 거의 절대언어에 근접할 수 있다. "가는 말이 고와야 오는 말이 곱다" 같은 것이 그러하다.

민담이나 전설의 경우도 사정은 다르지 않다. 이야기의 편폭이 커지고 디테일이 풍부해질수록 언어에는 역사성과 사회성이 담긴다. 당연히 한 시대의 도덕성도 따라붙는다. 역사·사회적 지시물 때문에 민담과 전설이 민족·국경을 잘 통과하지 못한다는 점은 익히 알려져 있다. 하지만 역사·사회적 지시물이 디테일로 남아 한 민족과 사회의 역사적 구성물임이 명확하게 인지된다 해도 민담과 전설이 지닌 공통적인 기호와 구조에는 절대언어가 될 수 있는 가능성이 존재한다. 구조주의자들의 도움을 얻어 다시 읽을 수 있기 때문이다. 디테일과 사회·역사적 지시물이 읽기를 풍성하게 해주는 요소가 되면서 절대언어의 고갱이(=구조)를 유지한 채 다양한 독해가 가능해진다. 이야기성(혹은 서사성)이라는 공통분모가, 이야기성에 내재하는 어떤 불변 구조가 민담이나 전설이라는 소박한 서사물을 절대언어로 이끄는 것이다.

절대언어를 확대해 나가다 보면 또 다른 장르를 떠올리지 않을 수 없다. 바로 시(詩)다. 시가 자신의 언어를 넘어 번역어로 바뀌는 순간 시의 고유성을 잃어버리는 건 사실이다. 그렇지만 번역어라 한들 시가 지향하는 성질을 완벽하게 변질시키지는 못한다. 언어라는 매개물이 역사·사회와 한 몸뚱이로 뒤엉켜 존재하기에 시가 언어 자체를 지향한다 해도 시어를 훑아 보면 시대의 피와 냄새를 느끼지 않을 수 없다. 그럼에도 피 냄새조차 시간의 빛에 바래고 세월의 물결에 씻겨 시의 역사·사회성이 희미해지면 시의 절대성이 서서히 갖춰진다.

믿기 힘든 말이지만 민담이나 전설, 시 따위는 인류의 발생부터 인간과 함께했기에 인간의 DNA에 새겨졌다는 이야기가 있다. 귀가 솔깃해지긴 하나 민담·전설·시라는 유전설로 이야기를 풀기보다 다른 개념을 들여와 보자. '양식'이라는 말로 접근할 때 절대언어를 이해하기 더 수월할 것 같다. '양식'이란 동일한 형태로 되풀이되는 서술/구술형태를 말한다. 범박하게 민담·전설·시를 이야기의 양식화라고 할 수 있을 것이다.

'옛날 옛적에 어디어디에서…'라는 양식화된 서술/구술방식이 있다. 이 양식은 지나치게 상투화되어 거의 쓸모가 없다고 생각하겠지만 그렇지 않다. 이 말은 단순한 투식에 멈추지 않는다. 정해진 표현이 발설되는 순간 발화자건 청중이건 어떤 마법에 걸린 듯이 약속을 하게 되고 심리적으로 준비를 한다. 새로운 이야기가 시작되겠구나, 재미나는 일화가 따라 나오겠지, 교훈을 주는 어떤 일이 던져지겠구나, 누구나 편안한 마음으로 들을 기대를 하고 발화자는 여기에 힘입어 이야기의 매력을 증폭시킨다. 이것은 강력한 양식이다.

'절대'라는 단순화

절대언어는 강력한 형식이다. 한 사회와 문명의 토대를 결정하고 진로를 제시하며 구성원들의 사고와 심리에 안정된 틀을 제공한다. 그것은 사회를 유지하고 운영하는 데 필요한 공통의 장(場)을 마련해 준다는 점에서 전통과 한 몸이며 의식 깊이 깃든 의지처이기도 하다. 절대언어가 과연 필요한가, 그것은 논외로 하더라도 절대언어가 절대적인 역할과 기능을 해왔다는 사실을 부인하기 어렵다.

서양과 대면하기 이전 동아시아 문명권에서 절대언어는 경전이었고 그 가운데 하나가 『논어』였다. 『논어』를 주어로 해서 절대언어로서의 역할을 다시 서술할 필요는 없을 것이다. 하지만 『논어』에 대해 품고 있는 대부분의 의견과 인식,

이미지들은 절대언어로서 작동했던 전통시대 『논어』의 위상과 뗄 수 없는 관계가 있다는 점은 지적해 두어야겠다. 인류의 위대한 유산이니 뭐니 하는 레토릭으로 통용되는 숱한 고전들에 대한 광고카피 역시 절대언어라는 표준과 자장 안에서 작동한다는 점도 『논어』의 경우와 차이가 없다.

그렇다면 고전이 훌륭한 물건인 만큼 절대언어가 지고(至高)의 가치를 가졌다면 절대언어가 많을수록 좋은 게 아닌가. 꼭 그렇지만은 않은 것 같다. 어떤 가치든 절대화하는 순간 마(魔)가 낀다. 절대 권력은 절대 부패한다는 말은 정치학의 금언이지만 정치에만 해당되지 않기에 묘미가 있는 말이다. 고상한 가치에 어떻게 악마가 끼어들까. 절대화되었기 때문이다. 절대성이 고전에서 우러나오는 본질적인 성격이든, 절대화하고 싶어 하는 인간의 심성에서 빚어졌든, 아니면 절대적인 어떤 존재(돈이든 책이든 가치든 종교든 국가든 이념이든)를 반드시 두어야 안정감을 느끼는 우리의 습속 때문이든 그것은 중요하지 않다. 절대화하는 모든 것은 절대라는 표식이 붙는 순간, 사고 회로를 단순화시킨다. '절대' 앞에서 사고는 정지한다. 절대화된 텍스트는 비판을 허용하지 않으며 독자는 비판하려 하지 않는다. 텍스트는 질주하고 독자는 숭배한다. 텍스트를 절대화한 뛰어난 인물은 위대한 존재가 되고 독자는 그들을 경배한다. 독자는 마비된다.

『논어』를 누가 비판하랴. 공자 말씀에 누가 토를 달랴. 인류의 스승에게 누가 의문을 제기할 것이며 만세의 사표(師表)에게 누가 의혹의 눈초리를 보내겠는가. 하물며 공자비판이 가당키나 하며 공자에게 누가 불경한 언사를 내뱉을 수 있겠는가. 그 어떤 텍스트가 『논어』만큼 시간을 견뎌 누구에게는 친밀감을, 누구에게는 외경을, 누구에게는 난해함을, 누구에게는 삶의 진로를 보여 준 적이 있었던가. 또 『논어』를 한문으로 읽었을 때 보통의 독자 누군들 한문 원전을 읽은 사람을 부러워하지 않겠는가. 이것은 한 텍스트가 절대언어를 간직했다고 상상하는 독자들이 만든 환상이다.

『논어』, 절대언어가 되다

『논어』가 태생부터 그런 것은 아니다. 『논어』가 절대언어가 된 데에는 연유가 있다. 『논어』 역시 역사적 과정을 통해 절대언어로 승격되었다. 앞서 언급한 주석과정을 되짚어 다른 방향에서 읽어 보자. 한(漢)나라 때 『논어』는 실제적인 지침서에 가까웠다. 소크라테스를 중심으로 한 그리스 고전 저작들과 다르지 않다. 주석가들은 『논어』를 현실적으로 이해했고 이런 방향에서 접근해 주석을 했다.

변화의 조짐은 한나라 이후 위진남북조 시대에 왔다. 하안의 『논어집해』는 소중하다. 이전 시대의 주석을 집대성했다는 점에서도 그렇지만 하안의 손에 의해 『논어』가 심화됐기 때문이다. 위진시대에는 '삼현경'(三玄經)이라 해서 세 가지 심오한 텍스트(『주역』·『노자』·『장자』)를 지식인들이 사고의 기준점으로 삼았다. 『주역』에 밝았던 하안은 『논어』 해석에 역학(易學)의 깊이를 가미해 『논어』가 철학적으로 읽힐 수 있도록 했다. 이 작업은 후대 주자의 『논어』 해석을 예고하는 선구적인 역할이었다.

주자가 『논어』를 성리학으로 재해석하면서 『논어』는 추상적이고 관념적이며 포괄적인 언어로 재탄생한다. 한 사회가 나아갈 방향을 물었던 실질적인 지침서에서 '인간이란 무엇인가'라는 근본적인 질문에 대답할 수 있는, 역사성을 뛰어넘는 텍스트가 된 것이다. (보편성과 초월성이란 개념 자체가 역사적인 것이지만 이런 각성은 나중에 생긴다.) 이후 주자학이 제국의 중심으로 진입하고 주자의 『논어』 해석이 정전(正典)으로 재확인되고 공인되면서 『논어』는 절대언어가 된다. 주자의 해석은 전(傳)으로 높아져 주자의 손을 거친 경전(經傳)은 전통시대의 공식 언어로 선포되었다. 조선은 이미 절대화된 주자의 언어 위에 구축된 국가이기에 절대성은 중국보다 더 강고했다.

예를 들어 해석의 차이를 보자. 공자의 유명한 말. "아침에 도를 들으면 저녁에 죽어도 좋다."[朝聞道, 夕死可矣. 「이인」 8] 공자의 이 말은 누구에게 언제 어디서 했는지 정보가 전혀 없는 데다 도와 죽음의 관계가 어떤 것인지 연결시키기 쉽지 않아 해석의 여지가 많을 수밖에 없다. 주자의 주는 이렇다. "도는 사물의 당연한 이치이니 진실로 도를 들으면(깨달으면) 살아서는 하늘을 섬겨 도리를 어기지 않고 죽어서는 편안하여 부끄러움이 없을 터이니 다시는 여한이 없을 것이다. 조석(朝夕)은 시간의 아주 가까움을 말한 것이다."[道者, 事物當然之理. 苟得聞之, 則生順安死. 無復遺恨矣. 朝夕, 所以甚言其時之近] 주자는 이 말에 이어 정자(程子)를 인용해, "사람이 도를 몰라서는 안 되니, 진실로 도를 들으면 죽어도 좋다고 말한 것이다"[言人不可以不知道, 苟得聞道, 則雖死可也]라고 했다.

하안은 공자의 말을 어떻게 보았을까. 하안의 주는 이렇다. "거의 죽을 때에 이르렀는데도 세상에 도가 있다는 말을 들을 수 없음을 말한 것이다."[言將至死, 不聞世之有道] 황간은 하안의 주에 소를 붙여 다음과 같이 말했다. "세상에 도가 없음을 탄식했다. 그러므로 만약 아침에 세상에 도가 있다는 말을 들으면 저녁에 죽어도 여한이 없다. 그러므로 '좋다'[可矣]라고 하신 것이다. 진(晉)의 난조(欒肇)가 말했다. '도는 백성을 구제하기 위해서고 성인이 몸을 보존하는 것은 도를 행하기 위해서다. 백성을 구제하기 위해 도를 행하는 것이지 자신을 이롭게 하기 위해서가 아니다. 그러므로 만약 도가 세상에 알려지면 저녁에 죽어도 괜찮다고 말씀한 것이다. 도가 행해지지 않는 것을 상심하시고, 또 자신은 세상을 근심하지 자신을 근심하지 않음을 밝힌 것이다.'"[歎世無道. 故言設使朝聞世有道, 故云可矣. 欒肇曰 : "道所以濟民, 聖人存身, 爲行道也. 濟民以道, 非以濟身也. 故云誠令道朝聞於世, 雖夕死可也. 傷道不行, 且明己憂世, 不爲身也."]

주자와 하안의 차이는 명백하다. 주자는 도를 추상적인 리(理)로 등치시켜 리를 깨달으면 죽을 수 있다는 갈망으로 이해했다. "살아서는 하늘을 섬겨 도리를 어기지 않고 죽어서는 편안하여 부끄러움이 없다"[生順安死]라는 말도 장재(張載)의 「서명」(西銘)에서 가져온 관념성이 강한 말이다. 하안은 도를 백성을 구제하는 것이라고 알기 쉽게 정의했다. 공자가 말년이 되어 세상에 도가 실현된다는 말을 듣지 못해 안타까워하는 발언이라 했다. 도에 대한 이해에서부터 공자가 발언했을 때 어떤 심정이었는지에 이르기까지 해석 차이는 뚜렷하다. 하안의 주가 이해하기 쉽다 해서 우수한 해석이라고 단정하기는 어렵다. 또 주자의 주가 관념적이어서 고원해 보이기 때문에 철학적 심오함의 측면에서 무작정 높은 평가를 할 필요도 없다. 다만 주자 주(註)의 경우처럼 추상화의 수준이 높아질수록 텍스트가 시공을 넘어 텍스트가 생산된 사회 문화적 기원과 멀어진다는 점에서 절대언어를 추구하는 쪽으로 방향을 튼 것은 확실해 보인다.

주자가 『논어』 전체를 리(理)의 철학으로 일관되게 재해석했다는 사실은 잘 알려져 있다. 실질적인 말이었을 수도 있는 언어를 철학원리에 의해 추상화의 단계로 진입시켰다는 사실에서 주자의 탁월함을 상찬하지 않을 수 없다. 가치판단을 내려 주자의 옳고 그름을 따져 보자는 게 아니다. 『논어』가 절대언어가 된 저변에는 주자의 해석이 결정적인 작용을 했음을 지적하고 싶을 뿐이다.

실천을 위한 언어

절대언어가 좋은 것만은 아니다. 생각해 보면 절대언어화된 텍스트만큼 불행한 글도 없다. 심오한 혹은 위대한 가치라는 말에 눈이 멀어 숭상일변도로 읽기 때문이다. 그것은 올바른 읽기가 아니다. 지혜의 보고라는 휘황한 언사에 눈이 부셔 실상을 못 보는 위험성. 제대로 된 읽기일 리 없다. 그러나 큰 문제는 따로 있다. 『논어』를 절대언어로 읽을 때 『논어』는 실천하는 책이 되지 못한다. 이 점은 강조할 필요가 있다.

손가락으로 달을 가리키는데 달은 보지 않고 손가락만 본다는 비유가 『논어』만큼 절실한 경우도 없을 것이다. 공자는 '말을 전한' 게 아니다. 공자는 '실행하라'고 했다. 공자가 말을 잘한다고 했을 때 그것은 실행을 위한 최소한의 양식으로 발화한 것이었다. 그러나 우리는 죄다 공자의 말을 '읽는 데' 정신이 팔려 있다. 공자의 말은 말로서만 존재하고 말에 갇히고 말았다.

절대언어에서 가장 경계해야 하는 지점이 바로 이곳이다. 사람들은 공자의 어록으로 『논어』를 읽고 언어는 도덕적 훈계로 땅에 떨어져 굴러다닌다. 언어가 체화됐다 한들 입에서 튀어나올 뿐 몸은 움직이지 않는다. 공자가 저술을 남기지 않은 까닭도 여기 있다고 생각한다. 실행에 옮기는 언어가 되어야지 외우는 격언으로서, 그저 지혜의 말씀으로 후대에 전해져 영향력이 발휘되는 걸 피하려고 했던 것이다. 소크라테스가 저술을 남기지 않은 것도 이와 다르지 않다. 공자는 어떤 언사를 하든, 남에 대한 평가를 할 때조차도, 좋은 경우엔 올바로 행동하기를, 비판적일 때는 듣는 사람이 변하기를 소망했다. 공자의 말은 일차적으로 그리고 최종적으로 실행을 염두에 두고 있었다. 공자가 말 잘하는 인간을 미워한 것도 언어와 삶(실행)이 분리된다는 사실을 명확히 인지했기 때문이었다. 공자의 말은 수행적 언어(performative language)였다.

이 전제를 간과하고 잊는 순간 공자의 말은 귀양살이하는 언어일 뿐이다.

그렇다면 절대언어가 된 『논어』를 어떻게 할 것인가.

3장 _ 역사화, 혹은 어떻게 읽을 것인가

독서는 수동적으로 받아들이는 과정이 아니다. 권위에 복종하고 주어진 가치를 흡수하는 숭배가 아니다. 독자는 텍스트를 재구성하고 따져 물어야 한다. 독서는 저항이다. 밖으로는 스마트폰이나 TV를 보지 않고 책으로 달려들기에 외부에 저항하는 행동이며, 안으로는 집중력을 쏟아 책의 권위에 짓눌리지 않으려 버텨야 하기에 이중의 저항이다. 밖의 저항은 안에서 저항하는 힘에 보탬이 된다. 독서는 전적으로 의지로 밀고 가는 실천이기에 수동적일 수 없으며 자신의 불신을 유예시키기에 적극적인 참여다.

책을 덮으며 읽은 것을 재조립하고 감정반응을 점검하기에 독서는 끝났으되 끝나지 않고 반추되면서 새 독서가 시작된다. 일련의 피드백은 순환하면서 책을 객관화하는 자리를 만든다. 독서 이전의 평가나 의견은 자신 앞에 놓인 거울이 되어 독서 이전과 이후의 변화폭을 재는 잣대가 된다.

독서일반론을 얘기하려는 게 아니다. 독서의 지향점이 어떠해야 하는지 스케치해 본 것이다. 『논어』 읽기를 가져와 설명하는 게 이 책에서 목표하는 독서행위를 거론하는 데 수월할 것 같다. 주자의 『논어』 읽기와 다른 『논어』 읽기를 살펴볼 때 다른 독서가 불러오는 『논어』 이해의 차이를 쉽게 알 수 있다. 또 다른 예를 읽어 보자.

섭공과의 문답

> 섭공이 정치를 물었다. 선생님께서 대답하셨다. "가까이 있는 사람들은 기뻐하고 멀리 있는 사람들은 오는 것입니다."(「자한」 16)
>
> 葉公問政. 子曰 : "近者說 ; 遠者來."

짧은 글에 대한 주자의 해석은 이렇다. "은택을 입으면 기뻐하고 소문을 들으면 온다. 그러나 반드시 가까이 있는 사람들이 기뻐한 뒤에 멀리 있는 사람들이 오는 것이다." 주자의 설명은 공자의 말을 부연하면서 되풀이한 것처럼 보이는데 섭공에 대한 역사적 배경을 하나도 덧붙이지 않았다. 공자의 대답을 섭공이 처한 구체적인 상황에 대한 이해를 바탕으로 한 말이 아니라 정치일반에 적용할 수 있는 보편타당한 진술인 것처럼 풀었다. 백성에게 은혜를 베풀어야 한다. 그 행동은 가까운 사람에게 먼저 미쳐야 한다. 독자는 정치라는 포괄적인 질문에 구체적이고 간단한, 그러나 핵심을 찌른 대답이라고 읽는다. 밋밋한 느낌이 들긴 하지만.

청(淸)나라의 주석가들은 다르게 해석한다. 그들이 주목한 것은 역사적 구체성. 주자가 간과한 지점을 파고든다. 섭공은 초나라의 유력자였다. 중앙집권이 강화된 정부의 권세가가 섭(葉)이라는 궁벽한 땅의 수령[尹]으로 오게 된 것이다. 섭(葉)은 원래 채(蔡)나라의 수도였다. 강대국 초나라와 가까워 늘 시달림을 받던 채나라는 오(吳)나라와 친해지면서 초나라 국경에서 먼 지역으로 천도하고 섭은 버려졌다. 초나라가 섭을 점령해 자기 영토로 삼은 지 두 해. 섭은 아직 완전히 초나라화(化)되지 못했고 안정시킬 필요가 있었다. 초나라에서도 실력자를 보내 채나라 사람들이 주요 구성원이었던 섭 지역을 평화롭게 만들어야 했다.

섭공이 된 심씨(沈氏)는 난감한 상황이었다. 초나라 수도에 자신의 권력 근거가 있었으나 그곳은 멀고 섭을 다스리긴 해야 하나 남의 나라(채나라) 사람들이라 그들을 설득해 마음을 얻어야 했다. 마음은 멀리 중앙에 있는데 몸은 여기 벽지에서 낯선 사람들을 다독여 자기 사람으로 만들어야 했던 것.

섭공의 고민은 작지 않았다. 공자도 마찬가지였다. 몇 해 동안 마음에 두고 기대를 품었던 위(衛)나라에서의 구직활동은 무위로 끝났고 공자는 남방의 '오랑캐' 초나라까지 가서 자신의 꿈을 실현해 보고 싶었다. 초나라 수도까지 갈 길이 멀었으나 초나라 유력자가 섭을 다스린다는 것은 중앙조정과 연이 닿을 수 있는 기회였기에 섭공을 만나 자신의 실력을 보여주는 일은 중요했다.

섭공의 질문은 간절하다. '어떻게 정치를 해야 합니까? 정치란 무엇입니까?'라는 일반적인 질문이 아니다. 그의 질문은 간단하지 않다. 첫째 섭 지역 백성들은 남의 나라 사람들이다. 자신은 이곳에 연고도 권력기반도 없다. 어떻게 이들의 마음을 얻을 수 있는가. 두번째 나는 이곳을 잘 다스릴 결심은 했지만 그렇다고 끝까지 여기 머물고 싶지 않다. 중앙정부로 돌아가야 한다. 이 두 가지를 동시에 만족시킬 수 있는 정치방안이 무엇인지 물은 것이다. 두 가지 사안을 담은 섭공의 질문은 보완되는 것일 수도 있으며 모순되는 일이기도 했다. 섭 지역을 잘 다스리면 실력을 인정받아 섭의 수령으로 주저앉을 위험도 감수해야 하기 때문이다. 섭 지역 안정에 실패할 경우 중앙정부에서의 위상은 이전과 달라질 수밖에 없다는 예측은 섭공의 기우가 아니었다. 초나라는 법가주의(法家主義)를 채택해 상당한 성과를 거뒀기 때문에 치적에 실패할 경우 그에 상응하는 책임을 져야 할 게 명백했다.*

섭공의 질문에 공자의 대답은 간결하다. "근자열, 원자래."(近者說, 遠者來) 공자는 섭공의 딜레마를 간파했다. 그대가 우선 할 일은 채나라의 백성들을 기쁘게 하는 것입니다. 그들이 가장 괴로워하는 문제를 푸십시오. 당신의 정치가 좋은 성과를 내면 멀리 중앙정부에서 당신을 찾아올 것입니다. 원자래(遠者來)라는 말은, 다른 지역에서도 소문을 듣고 당신이 다스리는 땅에서 살려고 백성들이 찾아올 것이라고 풀어도 되고, 궁극적으로 당신이 원하던 대로 될 것입니다, 라고 읽어도 무방하다.

공자의 대답이 훌륭한 까닭은 섭공의 시급한 질문에 대한 멋진 처방인 동시에 자신의 평소 생각과 배치되지 않기 때문이다. 공자의 대답은 유가의 가족주의에 근거를 두고 있다. 후대에 수신(修身)-제가(齊家)-치국(治國)-평천하(平天下)로 요약되는, 가족의 확대가 정치라는 사상(가족을 중심으로 동심원으로 퍼져 가는 사고의 틀)이 잠재된 말이다. 근(近), 가까운 곳

---

* 이 때문에 「자로」 18장에서 섭공은 법 객관주의와 유가의 온정주의적 견해가 충돌하는 유명한 문답을 공자와 주고받는다. 양을 훔친 아비를 고발한 아들을 어떻게 생각하는가에 대한 이 문답은 법과 제도와 관련된 통치의 중요한 시금석이기에 단순한 문제가 아니었다. 후대에도 되풀이된 유명한 테마다. 또 법가에는 '신상필벌'이라는 실적주의가 관리의 성적을 매기는 중요 원칙이었기 때문에 섭공의 마음은 무거웠을 것이다.

에서 출발해 원(遠), 먼 곳에 이르는 사고는 “하나로 꿰는”[一以貫之] 연쇄적 사고의 다른 표현이기도 하다. 섭공의 복합적인 질문에 공자 역시 겹으로 된 답을 준 것이다.

보편적 해석과 역사적 접근

같은 구절을 두고 주자의 해석과 청나라 학자들의 해석에는 차이가 크다. 주자가 보편성을 지향했다면 후대의 주석은 공자 당대의 역사성에 주안점을 두었다. 둘의 지향점이 다르다는 점에 눈길이 가는데 역사성을 강조한 독법에서 보자면 주자는 협소하게 해석했다는 비판이 따라올 수 있다. 하지만 중요한 점은 보편성의 파기와 역사성의 복귀라는 결과가 아니라 역사성을 추구한 해석에 담긴 도전정신이 아닐까. 나는 ‘도전’을 기억해야 한다고 생각한다. 청대의 해석학을 실증학(evidential learning)으로 부르면서 증거를 대고 증거를 토대로 확실성을 추구한다고 평범하게 말할 수도 있다. 하지만 청대 해석학은 속화된 주자학의 관념주의에 대한 도전이면서 자기만의 방식으로 비판적 읽기를 시도했기에 의의가 작지 않다. 뜬구름 잡는 공언(空言)은 말할 것도 없고 형해화된 권위에 의탁하는 맹목적 독서와 타성에 대한 질타가 깔려 있기 때문이다.

경전 혹은 고전에 대한 무의식적 추종 내지 투항적 존경은 글 읽기에 도움이 되지 않는다. 화석이 된 전통을 회의정신으로 뚫고 다시 읽기를 감행했기에 다르게 읽기를 성취할 수 있었다. 여기에 청나라 당시의 지적 환경, 정치적 억압 혹은 물적 토대가 있었음을 지나쳐선 안 된다. 활발한 출판문화가 청대에 번성하면서 온갖 서적을 구해 볼 수 있었고, 서적들 간의 비교·대조·참조를 통해 권위를 가진 책들을 검토할 여건이 마련되었으며, 만주족이 한족에 가한 무서운 탄압이 식자들로 하여금 학문에만 매진토록 했기 때문이다(여기서 생기는 정치적 취약성과 보수주의는 논외로 하자). 청대의 작업은 송대에 유행했던 경전의심[疑經]의 전통을 철저하게 재현했다는 점에서 더욱 흥미롭다.

이는 현재 상황과 무관하지 않다. 공부를 생각해 보면 동서고금의 많은 책들을 부지런히 참고해 읽으면서 자기만의 독서와 비판적 안목을 기를 수 있는 조건이 어느 때보다 유리하기 때문이다. 책이 많다는 사실이 장점으로 활용될 수 있는 호시절임을 떠올려 보자.

하지만 안타깝게도 여건이 갖추어졌다고 비판적 읽기와 저항하는 독서가 뜻대로 관철되는 것만은 아니다. 역사성을 바탕으로 초월적으로, 초역사적으로 통용되는 보편적 읽기를 끊어내야 한다고 전하기는 쉽다. 『논어』에는 보편적 읽기에 몸을 맡기고 싶은, 바닥을 알 수 없는 말도 적지 않기에 비판적 독서가 쉽지 않은 것도 사실이다.

내가 좋아하는 구절이 있다. "선생님께서 냇가에서 말씀하셨다. '가는 것이 이와 같구나. 밤낮으로 쉬지 않는다.'"[子在川上曰 : "逝者如斯夫, 不舍晝夜." 「자한」 16] 이 말은 시가 아닐까. 공자는 흐르는 물을 보고 "간다"[逝者]고 사실을 말한 다음 "밤낮으로 쉬지 않는다"[不舍晝夜]라고 느낌을 말했다. 쉬지 않고 흐른다는 뻔한 말을 분리시켜 물과 밤낮이라는 시공간과 연결하면서 묘한 말이 되었다. 이것은 무슨 뜻일까. 의미가 있기나 할까. 늙음에 대한 한탄인가. 흐르는 물과 시간을 병치시켜 덧없다는 느낌을 갖도록 한 말일까. 물을 보고 흐른다는 단순한 사실을 그냥 진술한 것일까. 언제, 어디서, 누구에게(혼자?) 한 말인지 어떤 정보도 없다. 도덕적 지향이 담겼을까. 느낌이 구체화되어야 할 텐데 어디에도 단서를 찾기 힘들어 음미해야 할 바를 알 수 없다. 해석하기 난감하다. 독자는 무언가 있다고 느끼기는 하나 무엇인지 꼬집어 말할 수 없어 당혹스럽다.

주자는 "천지의 조화"[天地之化]를 주어로 설정해 "도의 본체"[道體]를 구현한 말로 해석했다. 흐르는 물을 우주의 조화가 담긴 철학적 언술로 이해한 것이다. 그리고 흐르는 물이 그치지 않듯 배우는 사람들도 끊임없이 성찰하고 배우기에 매진하기를 권한 말이라고 읽었다. 흐르는 물에서 도(道)를 깨달았다고 보고 학문에 진력하라는 수행적 언어(performative language)로 파악한 것이다. 성리학자다운 말이라 하겠다. 하안의 『논어집해』를 설명하면서 황간은 물이 흐르듯 시간이 흘렀는데도 도가 흥하지 않음을 한탄하는 당시 사람(위진시대)의 말을 인용했다. 한(漢)나라 때나 그 이후까지 사람들은 흐르는 물을 흘러가는 시간의 은유로 읽고 의미를 붙였다. 덧없음에 대한 비감(悲感)이 스민 말로 이해한 것이다.

성리학자들의 철학적 읽기든, 한나라 사람들 혹은 문인들의 글에서 흔히 볼 수 있는, '덧없음'으로 읽는 문학적 읽기든 동조하고 싶은 유혹을 떨치기 힘든 빼어난 해석이다. 흐르는 물에서 수행적 언술을 추출해 내는 안목이야말로 고도의 지적 행위임을 인정하지 않을 수 없고….

『논어』에는 이런 진술이 산재한다. 이 말에 고유명사(인명이나 지명) 혹은 어떤 시기인지에 대한 정보 한마디만 주어져도 보편적 읽기에 저항할 발판이 마련되련만 그렇질 못하다. 덕분에 철학적 읽기와 문학적 읽기의 두 흐름은 끊이지 않고 이어진다. 시간이 지날수록 강력해지는 두 갈래 읽기가 역으로 지금 이 말을 읽는 사람들에게 영향을 미쳐 평범한 마음으로 글을 읽는 데 어려움을 준다. 이럴 경우 어떻게 텍스트를 읽을 것인가. 종잡을 수 없는 말에 굵은 지적 전통이 붙어 있다면?

비판적 독서를 위하여

독서는 순수한 읽기일 수 없다. 백지상태에서 읽을 수는 없다. 어떤 텍스트를 읽든 텍스트를 손에 잡는, 선택했다는 행위 자체가 그 책에 대한 정보를 어디선가 얻은 것이고 어떤 정보이건 그 정보를 통해 독자는 기대를 갖게 마련이다. 정보를 통한 (무의식적인) 기대 형성을 '기대지평'(expectation horizon)이라는 말로 설명하기도 하는 모양인데 독자가 책을 읽는 행위에는 기대지평이 전제될 수밖에 없고 좋은 독서란 기대지평을 넓혀 주는 활동을 말한다. '새 지평을 연다'(open the new horizon)는 영어 표현은 이를 가리킨다. 고전의 경우 독자의 기대지평이 클 가능성이 높다. "고전을 꼭, 많이 읽을 필요가 있을까요?"라는 질문에, "아무리 기대지평을 넓게 가져도 그보다 한 뼘 더 지평을 열어 주기에 고전이다"라는 현문현답도 가능할 것이다. 하지만 대부분의 경우 독자의 기대는 권위적인 정보, 고전이라는 동어반복적인 정보에 의지하기에 형성되는 게 아닐까. 그렇다면 독자의 기대는 수동적으로 형성된 것이고 독서 이후의 넓어진 지평도 권위를 재확인하는 데서 오는, 겨우 추인에 불과한 행동을 '새 지평이 열렸다'고 착각하는 게 아닐까.

사정이 이렇다 해도 나는 원칙론으로 대응할 수밖에 없다는 사실이 맘에 걸린다. 고전을 읽든 경전을 읽든 역사성을 염두에 두고 독해해야 보편성에 저항하는 비판력이 생긴다. 이것이 내 원칙이다. 보편성의 마비력, 비판을 무디게 하는 권위적 언사를 버려야 하기 때문이다. 내 강조점은 비판에 놓인다. 비판적으로 읽고 비판적으로 사고해야 자기만의 힘이 생긴다는 말과 다르지 않다. 그러나 이렇게 말하고도 실제 실천하기 어려운 공자의 말이 튀어나오면 주춤한다. 질문이 다시 돌아온다. 어떻게 읽을 것인가? 다시 원칙론으로 대응한다. 독서는 독자를 편하게 만들지 않아야 한다. 불편하고 이질감을 느끼게 하고 자극하고 괴롭게 만드는 행위가 책읽기다. 나는 그런 실천을 '비판적 독서'라 했다. 일체의 권위와 두꺼운 역사와 대단한 전통을 죄다 괄호 속에 넣고 텍스트에 대한 정보를 의심하며 읽기. 나는 그걸 '역사성'이라 불렀다. 단어에는 단어가 생성된 시대의 삶과 역사가 담겨 있기 때문이다. 그럼에도 비판적 독서는 역사성의 개입을 피하고 무화시키는 강력한 텍스트와 늘 부딪친다. 고전의 절대언어가 따라붙어 독서를 압도한다. 질문이 다시 파고 들어온다. 어떻게 읽을 것인가? 나는 낡은 소리만 계속 웅얼거린다.

『공자가어』(孔子家語)에 인상적인 글이 보인다. 『공자가어』를 두고 '위서'(僞書)네 아니네 말이 많지만 후한 말(後漢末) 공자의 전설이 집대성된 자료로 읽으면 공자에 대해 후대 사람들이 가졌던 이미지를 알 수 있다는 점에서 뛰어난 담론집이다. 가치가 작지 않다. 그 중에 이런 이야기가 있다. 공자가 진(陳)나라와 채(蔡)나라 사이에서 곤경에 빠져 일주일 동안 아무것도 먹지 못하고 지내게 된다. 보통 괴로운 지경이 아닌데 공자는 악기를 연주하고 노래를 부르며 견딘다. 자로는 분노한다. 착한 사람에게는 하늘이 복을 준다는데, 덕을 쌓고 의(義)를 품어 실행한 지 오랜 시간이 지났건만 어떻게 이렇게 궁할 수 있단 말인가. 하늘에 원망조차 하지 않으면 견디기 어려울 정도였을 것이다. 이때 공자는 자로에게 말한다. "깊은 숲속에 피는 지초와 난초가 사람이 없다고 향기롭지 않은 건 아니다."[芝蘭生於深林, 不以無人而不芳]

독서는 쉽지 않다. 비판적 독서는 더 어렵다. 더 공부해야 하고 더 참고해 따져야 하기 때문이다. 주어진 대로 따라 읽는 게 얼마나 편한가. 공자는 안 될 가능성이 큰데, 계속 실패하기만 했는데 왜 포기할 줄 몰랐을까. 설령 공자 자신의 계획이 실행됐다 한들 공자에게 보상과 대가가 주어지지 않았을 가능성이 크다. 아니 공자 자신이 보상과 대가를 바라지 않을 수 있는데 왜 자기의 이상을 버리지 못했을까. 누가 알아주지 않아도 자기 길을 걷는 공자의 어리석음은 지초와 난초로 형상화되었다. 아름답지만 외롭고 슬픈 말이다. 많이 배우고 공부한 사람일수록 그에 비례하는 결과가 주어지는 게 당연하다는 세상에서 공자를 읽는다는 건 무슨 뜻일까. 그럼에도 공자를 읽고, 읽는 데서 수긍하지 않고 비판적으로 사고하려 발버둥친다. 비판적으로 사고하자고 동지를 구한다. 불안해하면서. 그리고 숲속에 홀로 핀 지초와 난초를 생각하면서. 이것은 책을 읽는 방법이면서 삶에 대한 태도이기도 하다.

더 읽을 책

더 읽어야 할 책을, 본문에 언급한 것을 제외하고 간략하게 덧붙인다.

고대 중국을 이해하는 길 가운데 하나는 역사지리를 익히는 것이다. 역사지리가 독립된 학문분야인 만큼 참고서적이 많다. 전문적인 부분까지는 아니더라도 나라와 주요 도시의 위치 정도는 알아야 한다. 개별 도서를 언급하지는 않겠지만 인터넷에 도움이 되는 지도가 많으므로 책 읽을 때 참조하면서 읽기를 권한다.

국내에 나온 『논어』 번역본이 많기는 하나 한 권을 고르라면 『논어집주 상, 하』(정태현 옮김, 전통문화연구회, 2018)를 추천한다. 주자 주에 대한 반감이 강한 책인데 오히려 그 점이 다양한 주를 소개해 주자학에 매몰되지 않도록 한다. 주자의 『논어집주』는 절대 읽기 쉬운 책이 아니다. 한문 공부를 대부분 주자의 『논어집주』를 텍스트로 쓰고, 이를 읽고 나면 뭔가

안 것 같은 환상에 빠지는데 주자의 책이 그리 간단하다면 얼마나 좋겠는가. 주자의 주는 겹겹이 싸이고 층층이 높이가 있어 공부가 진행될수록 새로워지는 책임을 명심하자. 『논어집주』가 까다로운 책인 이유는 무수한 개념어가 출몰하기 때문인데 옮긴이는 이를 가능하면 다 풀어 쓰려 애썼다. 개념어인 줄 정확히 알고 있기에 가능한 일이다. 기존의 주자 번역과 갈라지는 지점이기도 하다.

『논어』 연구서로는 『논어 한글역주 1, 2, 3』(도올 김용옥, 통나무, 2008)을 권한다. 방대한 책이다. 문명사라는 거시적 관점으로 접근한 책이라 해석 방법이 다르다. 현대까지의 연구를 망라하고 자신의 의견을 강력하게 피력해서 부피가 크기에 인내를 갖고 읽어야 한다. 상세한 해설이 강점. 저자 특유의 감정적 느낌이 꺼려질 수 있는데 그걸 걷어 내면 상당한 공력이 들어갔음을 알 수 있다. 정보량이 대단한 만큼 쉽게 읽힌다고 만만하게 봐서는 안 된다.

일본에서 나온 연구서로 언급해야 할 책이 있다. 『논어 한글역주』에서도 인용한 유명한 연구서다. 『공자와 논어』(기무라 에이이치, 나종석 옮김, 에코 리브르, 1971/2020). 두 말이 필요치 않은 책이다. 문헌학적 깊이가 대단하지만 여러 가지로 자극을 주는 전문서다. 두 세대 가까이 지났지만 여전히 압도적이다. 일본에는 이후로 여러 좋은 책이 많이 나왔을 텐데 이 책으로 본격적인 『논어』 공부를 시작하면 좋다는 생각을 여전히 품고 있다. 중국에서 나온 리쩌허우의 『논어금독』(論語今讀), 리링(李零)의 책도 번역되었으니 참고할 만하다.

이상 소개한 책들의 말미에 서구권을 포함해 상세한 『논어』 연구 서지가 붙어 있기 때문에 이 책에서 더 이상 얘기하는 건 불필요해 보인다. 이 가운데 하나를 잡고 정독해서 원문과 씨름하면 자기 나름의 독법이 싹틀 수 있으리라. 공부는 자기 수준보다 반 발짝 앞선 책을 만나 겨루며 읽는 게 중요하다.

참고문헌

何晏 集解, 皇侃 義疏, 『論語集解義疏』, 北京 : 中華書局, 1985.
何晏 注, 邢昺 疏, 『論語注疏』, 北京 : 北京大學出版社, 1999.
劉寶楠, 『論語正義』, 北京 : 中華書局, 1998.
程樹德, 『論語集釋』, 北京 : 中華書局, 2014.

원문 링크

정현, 『정주한묘죽간』(https://ctext.org/wiki.pl?if=gb&res=153198)
황간, 『논어집해의소』(https://ctext.org/wiki.pl?if=gb&res=353774)
형병, 『논어주소』(https://ctext.org/lunyu-zhushu/zh)
주희, 『논어집주』(https://ctext.org/si-shu-zhang-ju-ji-zhu/lun-yu-ji-zhu/zh)
유보남, 『논어정의』(https://ctext.org/wiki.pl?if=gb&res=2068596)
청수더, 『논어집석』(http://www.minlun.org.tw/2pt/2pt-2-7-LUGS/menu.htm)
정약용, 『논어고금주』(https://db.itkc.or.kr/dir/item?itemId=GO#/dir/node?dataId=ITKC_MP_0597A_0350)

참고 사이트

동양고전종합DB(http://db.cyberseodang.or.kr/front/main/mainmenu.do)

한국고전종합DB(https://db.itkc.or.kr/)

중국철학서전자화계획(https://ctext.org/zh)

정현 주 원문

『논어집해의소』 원문

『논어주소』 원문

『논어집주』 원문

『논어정의』 원문

『논어집석』 원문

『논어고금주』 원문

동양고전종합DB

한국고전종합DB

중국철학서 전자화계획